El diablo

Padre Amorth

El diablo

Una investigación contemporánea

San Pablo

9.ª edición

Título original: *Il diavolo*
Traducido por: *María Carolina Salamanca* y *Daniel Salamanca*

Distribución: SAN PABLO. División Comercial
Resina, 1. 28021 Madrid
Tel. 917 987 375 - Fax 915 052 050
E-mail: ventas@sanpablo.es
ISBN: 978-84-285-4602-7
Depósito legal: M. 28.964-2014
Impreso en Artes Gráficas Gar.Vi. 28970 Humanes (Madrid)
Printed in Spain. Impreso en España

En definitiva, cobrad fuerzas
en el poder soberano del Señor.
Revestíos de la armadura de Dios
para que podáis resistir
las tentaciones del diablo.
Porque nuestra lucha no es
contra gente de carne y hueso,
sino contra los principados y potestades,
contra los dominadores de este mundo tenebroso,
contra los espíritus del mal,
que moran en los espacios celestes.

Efesios 6,10-12

I
Es espíritu puro

Fuera del tiempo y el espacio, Dios creó todo. Creó los ángeles, seres perfectos y libres. Uno de ellos, se dice que era el más bello de todos, usó su libertad contra Dios. Se rebeló contra Dios, en otras palabras. Satanás es su nombre, es llamado «diablo» en la Sagrada Escritura.

El término «diablo» deriva del latín tardío *diabolus*, traducción desde la primera versión de la *Vulgata* (siglo V d.C.) del griego *diábolos*, derivado del verbo *diabállo*, «dividir»; significa, entonces, «el que divide», «calumniador», «acusador». En efecto, todo esto es el diablo: el gran acusador, el mentiroso, aquel que siembra división y propaga el mal.

Siendo espíritu puro, fue superior al hombre hasta la encarnación de Cristo. Con la encarnación, el hombre, en cuanto completamente uno con Cristo, deviene superior a todos, incluido el diablo. Pero este sigue siendo lo que es: inteligente, artero, astuto. Jefe de un ejército de espíritus rebeldes; es decir, de espíritus que voluntariamente se rebelaron contra Dios como lo hizo también el diablo. ¿Dónde están?, ¿dónde existen? «Los demonios nos envuelven completamente», dice san Pablo. Así que están en todas partes. Si pudieran verse, oscurecerían el cielo en pleno día. Son una multitud, un ejército inmenso, imposible de enumerar.

Al principio, Satanás era un ángel bueno, así lo quiso Dios. *«Diabolus enim et alii daemones a Deo quidem natura creati sunt boni, sed ipsi per se facti sunt mali»* (El diablo, de hecho, y los otros demonios fueron creados por Dios naturalmente buenos, pero por sí mismos se transformaron en malos), escribe la Iglesia en las actas del concilio de Letrán.

Aunque fue creado desde el inicio en Jesucristo, por medio de Jesucristo y por Jesucristo, y, por tanto, creado para el paraíso, el diablo quiso ser como Dios y por orgullo le desobedeció. La Escritura habla de este pecado en términos precisos. Esta caída consiste en que estos espíritus creados, por libre elección, rechazaron a Dios y a su Reino radical e irrevocablemente. El *Catecismo de la Iglesia católica* afirma:

> «Encontramos un reflejo de esta rebelión en las palabras del tentador a nuestros primeros padres: "Serán como dioses" (Gén 3,5). El diablo es "pecador desde el principio" (1Jn 3,8), "padre de la mentira" (Jn 8,44)» (CCE 392).

Para este pecado, el pecado de rebelarse contra Dios, no hay perdón. La causa de que el pecado de los ángeles no pueda ser perdonado es el carácter irrevocable de su decisión, no un defecto de la infinita misericordia divina. «No hay posibilidad alguna de arrepentimiento para ellos después de la caída, así como tampoco hay posibilidad de arrepentimiento para los hombres después de la muerte», escribe san Juan Damasceno.

¿Satanás podrá regresar al paraíso al final de los tiempos? No, porque su elección es definitiva, para siempre. Y él fue el que lo quiso así. De algún modo, Dios es impotente ante su libertad, una libertad que se ejerce fuera del tiempo y el espacio. Así pues, ha hecho su elección real y definitiva fuera de las categorías que nosotros conocemos.

La Escritura atestigua la nefasta influencia en el mundo de aquel a quien Jesús llama «homicida desde el principio» y que incluso ha intentado distraerlo de la misión que el Padre le ha confiado. «El Hijo de Dios apareció para destruir las obras del demonio», dice el evangelio de Juan. De estas obras, la más grave en sus consecuencias es la seducción mentirosa que induce al hombre a desobedecer a Dios.

Ciertamente, la influencia en el hombre es nefasta. Pero no es ilimitada. En efecto, el *Catecismo* nos recuerda que el poder de Satanás no es infinito. Él no es más que una creatura, poderosa por el hecho de que es espíritu puro, pero sigue siendo una creatura; en otras palabras, no puede impedir la edificación del Reino de Dios. Si bien Satanás actúa en el mundo por odio contra Dios y su Reino en Jesucristo, y si bien su acción causa graves daños –de naturaleza espiritual e indirectamente también de naturaleza física– en cada hombre y en la sociedad, es necesario decir que esta misma acción es permitida, de algún modo, por la providencia divina, que guía la historia del hombre y del mundo con fuerza y dulzura. La permisión divina de la actividad diabólica es un gran misterio, pero «nosotros sabemos que Dios ordena todas las cosas para bien de los que le aman» (Rom 8,28).

¿Quién es el diablo? ¿Cuál es su verdadero nombre? ¿Cuánto poder tiene? ¿Cómo se manifiesta su obra destructora en la vida de los hombres? ¡Cuántas veces me han hecho estas preguntas! ¡Y cuántas veces he tenido que responderlas! Pero aún hoy no me canso de hacerlo. Como exorcista de la diócesis de Roma desde 1986, a menudo me preguntan creyentes y no creyentes por la naturaleza de aquel a quien estoy llamado a combatir a diario. Pero yo solo sé aquello que la Escritura también conoce, lo que todos pueden saber si se apoyan en el *Catecismo* y en las enseñanzas de la Iglesia. No sé nada más. Y eso ya es mucho, pues lo importante es saber una sola cosa: que él existe y que actúa contra el hombre y contra el mundo, actúa desde la profundidad de su reino de muerte, el infierno. Entiéndase bien: en el más allá no hay tiempo ni espacio, y, por tanto, no se puede decir propiamente que el infierno sea un lugar, sino que es, sin más, una condición en la cual se encuentran los condenados y, con ellos, los demonios, aquellos que voluntariamente han rechazado a Dios. En efecto, el infierno describe su condición: espíritus y almas que han rechazado de una vez y para siempre a Dios. Una condición terrible, de separación del amor de Dios, un estado libremente –y por tanto dramáticamente– abrazado.

El Reino de Dios es regulado por el amor; el reino de Satanás es dominado por el odio. Los demonios se odian entre sí y su jerarquía se basa en el terror.

Un día estaba liberando a una persona poseída por un demonio que ni siquiera estaba entre los más fuertes, le pregunté:

—¿Por qué no te vas?

—Porque si me voy, Satanás me castiga –respondió.

El objetivo de la existencia de los demonios es arrastrar al hombre al pecado y llevarlo al infierno, pues todos deberían descender al abismo en el que ellos están. Y esto es lo que les pide aquel del cual son esclavos y súbditos: Satanás.

El diablo le pide al hombre tres cosas: que haga lo que quiere, que no se deje mandar por nadie, que cada cual sea el dios de sí mismo.

Su método es siempre el mismo: negar su existencia y la del infierno, y mostrar el mal como un bien, como una ganancia. En suma, al hacerle creer al hombre que el infierno no existe, lo empuja a él arrastrándolo a su abismo mortal. Pero Cristo vino para despertar al hombre, para recordarle que el diablo existe y que quien no está con Él está contra Él: o se está con Cristo o se está con Satanás, no hay términos medios.

Todos los hombres han sido pensados desde la eternidad, creados por Dios y creados inmortales. Creados por medio de Jesucristo y por Jesucristo. El fin de nuestra vida, el fin de la creación entera, es Él: Jesucristo. Hemos sido creados para vivir eternamente con Él, para vivir de su misma gloria. También los ángeles han sido creados por el mismo motivo. Pero los ángeles que se volvieron demonios escogieron libremente el mal y para ellos no hay redención. También los santos a quienes les ha sido concedido ver el infierno dan testimonio de esta verdad: para los diablos no hay redención.

Pero al hombre, mientras esté vivo, le ha sido dada la posibilidad de escoger el bien –es decir, la misericordia de Dios– o el mal.

II
Vive en el infierno

El diablo es astuto y atrae muchos corazones al pecado y a la perdición. Recuerdo siempre el encuentro entre un famoso predicador de la posguerra, el jesuita padre Lombardi, y la hermana Lucía, la vidente de Fátima. En Coimbra, Portugal, le preguntó a Lucía: «¿Tú has visto el infierno? ¿Son muchas las almas que caen allí?». Con sencillez, la hermana Lucía le respondió: «Reverendo, sí, son muchas, manadas y manadas».

De estas manadas, por desgracia, puede formar parte cualquiera. El diablo, en efecto, estudia a cada uno de nosotros, nuestras tendencias al bien y al mal, y luego suscita las tentaciones, sacando provecho de nuestras debilidades. Su objetivo es llevarnos a todos a su condición de ser separado de Dios, la condición que no por casualidad es llamada infernal. Es infernal vivir la eternidad separado de Cristo.

Del infierno han hablado muchos santos. Algunos han tenido acceso en alguna medida. Entre ellos está santa Faustina Kowalska (1905-1938), la religiosa polaca propagadora de la devoción a Jesús misericordioso. En el año 2000 fue canonizada por Juan Pablo II. El papa Francisco habló indirectamente sobre ella durante el Ángelus del domingo 17 de noviembre de 2013, cuando repartió entre todos los presentes la «Misericordina», la cajita que contiene algunos «remedios para el alma», idea nacida de unos seminaristas polacos devotos de la santa. Hay que leer sus diarios, pues nos ponen ante una realidad que es mejor conocer, y conocer a fondo.

Allí escribe: «Hoy he estado en los abismos del infierno, conducida por un ángel». Y explica que el infierno «es un lugar de grandes tormentos, ¡qué espantosamente grande es su extensión!». Y más adelante:

> «Los tipos de tormentos que he visto: el primer tormento, que constituye el infierno, es la pérdida

de Dios; el segundo, el continuo remordimiento de conciencia; el tercero, la conciencia de que aquel destino no cambiará jamás; el cuarto tormento es el fuego que penetra el alma, pero no la aniquila; es un tormento terrible: es un fuego puramente espiritual, incendiado por la ira de Dios; el quinto tormento es la oscuridad permanente, un horrible, sofocante hedor, y, a pesar de la oscuridad, los demonios y las almas condenadas se ven mutuamente y ven todos el mal de los demás y el suyo; el sexto tormento es la compañía continua de Satanás; el séptimo tormento es una desesperación tremenda, el odio a Dios, las imprecaciones, las maldiciones, las blasfemias. Estos son los tormentos que todos los condenados padecen juntos, pero no es el fin de los tormentos. Hay tormentos particulares para las distintas almas, que son los tormentos de los sentidos: cada alma es atormentada de modo tremendo e indescriptible con lo que ha pecado.

Hay horribles calabozos, abismos de tormentos, donde cada suplicio se diferencia del otro. Habría muerto al ver aquellas terribles torturas, si no me hubiera sostenido la omnipotencia de Dios. Que el pecador sepa: con el sentido que peca, con ese se verá atormentado por toda la eternidad. Escribo esto por orden de Dios para que ningún alma se excuse diciendo que el infierno no existe o que nadie estuvo allí ni sabe cómo es. Yo, Sor Faustina, por orden de Dios, estuve en los abismos del infierno para hablar a las almas y dar testimonio de que el infierno existe. Ahora no puedo hablar de ello. Tengo la orden de Dios de dejarlo por escrito. Los demonios demostraron contra mí un gran odio, pero por orden de Dios tuvieron que obedecerme. Lo que he escrito es una débil sombra de las cosas que he visto. He observado una cosa: la mayor parte de las almas que allí están son las que no creían que el infierno existe. Cuando volví en mí, no pude reponerme del espanto al pensar cuán terriblemente sufren allí las almas. Por eso ruego con más fervor por la conversión de los pecadores e invoco incesantemente la misericordia de Dios para ellos» (SANTA MARÍA FAUSTINA KOWALSKA, *Diario. La Divina Misericordia en mi alma*, 741).

Antes de santa Faustina Kowalska, santa Teresa de Jesús (1515-1582) vio el infierno. Esta monja y reformadora del Carmelo habla del infierno en estos términos:

«Estando un día en oración me hallé en un punto toda, sin saber cómo, que me parecía estar metida en el infierno. Entendí que quería el Señor que viese el lugar que los demonios allá me tenían aparejado, y yo merecido por mis pecados. Ello fue en brevísimo espacio, mas aunque yo viviese muchos años, me parece imposible olvidárseme. Parecíame la entrada a manera de un callejón muy largo y estrecho, a manera de horno muy bajo y oscuro y angosto. El suelo me pareció de un agua como lodo muy sucio y de pestilencial olor, y muchas sabandijas malas en él. Al cabo estaba una concavidad metida en una pared, a manera de una alacena, adonde me vi meter en mucho estrecho. Todo esto era deleitoso a la vista en comparación de lo que allí sentí. Esto que he dicho va mal encarecido. Estotro me parece que aun principio de encarecerse como es no le puede haber, ni se puede entender; mas sentí un fuego en el alma, que yo no puedo entender cómo poder decir de la manera que es. Los dolores corporales tan incomportables, que, con haberlos pasado en esta vida gravísimos y, según dicen los médicos, los mayores que se pueden acá pasar (porque fue encogérseme todos los nervios cuando me tullí, sin otros muchos de muchas maneras que he tenido, y aun algunos, como he dicho, causados del demonio), no es todo nada en comparación de lo que allí sentí, y ver que habían de ser sin fin y sin jamás cesar. Esto no es, pues, nada en comparación del agonizar del alma: un apretamiento, un ahogamiento, una aflicción tan sentible y con tan desesperado y afligido descontento, que yo no sé cómo lo encarecer. Porque decir que es un estarse siempre arrancando el alma, es poco, porque aun parece que otro os acaba la vida; mas aquí el alma misma es la que se despedaza. El caso es que yo no sé cómo encarezca aquel fuego interior y aquel desesperamiento, sobre tan gravísimos tormentos y dolores. No veía yo quién me los daba, mas sentíame quemar y desmenuzar, a lo que me parece. Y digo que aquel fuego y desesperación interior es lo peor. Estando en tan pestilencial lugar, tan sin poder esperar consuelo, no hay sentarse ni echarse, ni hay lugar, aunque me pusieron en este como agujero hecho en la pared. Porque estas paredes, que son espantosas a la vista, aprietan ellas mismas, y todo ahoga. No hay luz, sino todo tinieblas oscurísimas. Yo no entiendo cómo puede ser esto, que con no haber luz, lo que a la vista ha de dar pena todo se ve. No quiso el Señor entonces viese más de todo el infierno. Después he visto otra visión de cosas espantosas, de algunos vicios el castigo. Cuanto a la vista, muy más espantosos me parecieron, mas como no sentía la pena, no me hicieron tanto temor; que en esta visión quiso el Señor que verdaderamente yo sintiese aquellos tormentos y aflicción en el espíritu, como si el cuerpo lo estuviera padeciendo» (SANTA TERESA DE JESÚS, *Libro de la vida*, 32, 1-3).

Santa Verónica Giuliani nació el 27 de diciembre de 1660. En un cierto momento de su vida decidió entrar en el monasterio de las clarisas capuchinas de Città di Castello. Murió el 9 de julio de 1727. Narra así la visión que en 1696 tuvo del infierno:

«Me parecía que el Señor me hacía ver un lugar oscurísimo, el cual sin embargo ardía como si fuera una inmensa hoguera. Eran llamas y fuego, pero no se veía ninguna luz; yo sentía gritos y golpes, pero no se veía nada; salían un hedor y un humo horrendo, pero no hay, en esta vida, cosa alguna con la cual poder compararla. En ese momento, Dios me hizo saber lo que es la ingratitud de las creaturas y cuánto le desagrada ese pecado. Y se me mostró en su pasión, todo flagelado, coronado de espinas, con una cruz pesadísima sobre la espalda. Me dijo así: "Mira y observa bien este lugar que nunca jamás tendrá fin. En él está, para tormento, mi justicia y mi riguroso desprecio". Mientras el Señor decía esto, me pareció sentir un gran ruido. Aparecieron muchísimos demonios: todos, con cadenas, llevaban atadas a bestias de diversas especies. Estas bestias, en un instante, se convirtieron en creaturas (hombres), pero tan espantosas y horribles que me provocaban más terror que los mismos demonios. Yo estaba temblando con todo mi cuerpo y me quería acercar adonde estaba el Señor, pero aunque había poco espacio, no podía acercarme más. El Señor manaba abundante sangre. ¡Oh Dios! Yo querría haber recogido la sangre, y tomar la cruz, y con gran ansia deseaba el significado de todo. En un instante, aquellas creaturas se convirtieron, nuevamente, en figura de bestias, y luego fueron todas precipitadas en aquel lugar oscurísimo, y maldecían a Dios y a los santos. Aquí tuve un arrobamiento y me pareció que el Señor me hacía entender que aquel lugar era el infierno y que aquellas eran almas muertas y, por el pecado, se habían convertido en bestias y que, entre ellas, había también religiosos» (SANTA VERÓNICA GIULIANI, *Diario*).

Santa Gema Galgani (1878-1903), mística beatificada en 1933 por el papa Pío XI y canonizada por Pío XII en 1940, tuvo más visiones. Una ocurrió el 17 de enero de 1899. Esta visión también es tremenda e irrepetible. La narra así:

«En un abrir y cerrar de ojos me encontré en una región baja, negra y fétida, llena de mugidos de toro, de rugidos de león, de siseos de serpientes. Una gran montaña se elevaba escarpada ante mí y estaba completamente cubierta de áspides y basiliscos que estaban enredados entre sí. La montaña viva era un clamor de maldiciones horribles. Era el infierno superior, es decir, el infierno benévolo. En efecto, la montaña se rasgó de un golpe y en sus flancos abiertos vi una multitud de almas y demonios entrelazados con cadenas de fuego. Los demonios, extremadamente furiosos, molestaban a las almas, las cuales gritaban desesperadas. A esta montaña le seguían otras montañas más horripilantes, cuyas vísceras eran escenario de atroces e indescriptibles suplicios. En el fondo del abismo vi un trono monstruoso, hecho de demonios terroríficos. En el centro, una silla formada por los jefes del abismo. Satanás se sentaba encima, en su indescriptible horror y desde allí observaba a todos los condenados. Los ángeles me explicaron que la visión de Satanás conforma el tormento del infierno, así como la visión de Dios constituye la delicia del paraíso. Entretanto, me di cuenta de que el tosco cojín de la silla era Judas y otras almas desesperadas como él. Le pregunté a los ángeles de quiénes eran esas almas y obtuve esta terrible respuesta: "Ellos fueron dignatarios de la Iglesia y prelados religiosos". Y vi en ese abismo precipitarse una lluvia de almas».

Y en otra visión:

«En el infierno hay varias almas con un libro en la mano. Los demonios los golpean con varas de fuego en la boca, con mazas de hierro en la cabeza y con punzones agudos traspasan sus orejas. Son las almas de los religiosos espurios que adaptaron la regla a su propio uso y beneficio. Otras almas están encerradas en sacos y ensartadas por los diablos en la boca de un horrendo dragón que las devora eternamente. Son las almas de los avaros. Otras burbujean sumergidas en un lago de inmundicias. De tanto en tanto se escapan algunos rayos. Las almas quedan incineradas, pero después recobran su estado anterior. Los pecados que han cometido son los más graves que alguien haya podido imaginar. Todos los caminos del infierno están cubiertos de cuchillas, hachas cortantes. Y monstruos, monstruos por doquier. Y hay una voz que grita: "Será siempre así. Siempre, siempre, siempre"».

El infierno lo vio también san Juan Bosco (1815-1888). Él es conocido por su extraordinario carisma como educador de jóvenes, para los cuales instituyó la Congregación Salesiana. Habla del infierno de este modo:

«Me encontraba con mi guía (el ángel custodio) en el fondo de un precipicio. Y he aquí que al fondo de este precipicio, que terminaba en un oscuro valle, aparece un edificio inmenso que mostraba ante nuestro camino una puerta altísima y cerrada. Llegamos al fondo del precipicio. Un calor sofocante me oprimía y una espesa humareda, de color verdoso, se elevaba sobre aquellos murallones recubiertos de sanguinolentas llamas de fuego. Levanté mis ojos a aquellas murallas y pude comprobar que eran altas como una montaña y más aún. Pregunté: "¿Dónde nos encontramos?". "Lee lo que hay escrito sobre aquella puerta", me respondió el guía. Miré y sobre la puerta se leía: "*Ubi non est redemptio!*". Es decir: "¡Donde no hay redención!". Entretanto, vi precipitarse dentro de aquel abismo primero a un joven, luego otro, y luego otros más; todos tenían escrito en la frente su pecado. Mi guía exclamó: "He aquí las causas principales de tantas ruinas eternas: los compañeros, las malas lecturas y las costumbres perversas". Estos infelices eran jóvenes que yo conocía. Pregunté: "Entonces es inútil que trabajemos entre los jóvenes, si son tantos los que tienen este fin. ¿No habrá manera de remediar la ruina de estas almas?". Y el guía me contestó: "Aquellos a los que has visto están aún vivos; este es su estado actual y si mueren, vendrán a parar aquí sin remedio".

Después entramos en el edificio. Corríamos con la velocidad del rayo. Leí esta inscripción: "*Ibunt impii in ignem aeternum!*". Es decir: "¡Los impíos irán al fuego eterno!". "¡Ven conmigo!", añadió mi guía. Me tomó de la mano y me condujo ante una puertecilla y la abrió. Vi ante mis ojos una especie de caverna inmensa, toda llena de fuego. Aquel fuego sobrepasaba en calores millares y millares de veces al fuego de la tierra. Me sería imposible describir esta caverna en toda su espantosa realidad. Entonces, de repente veo caer a muchos jóvenes en la caverna ardiente. Mi guía dice: "La falta contra el sexto mandamiento: he aquí la causa de la ruina eterna de tantos jóvenes". "Han pecado, pero se han confesado". "Se han confesado, pero las culpas contra la virtud de la pureza las han confesado mal o las han callado a propósito". Por ejemplo: uno había cometido cuatro o cinco pecados de esta clase, pero dijo que solo había faltado dos o tres veces. Hay algunos que cometieron un pecado impuro en la niñez y sintieron siempre vergüenza de confesarlo, o lo confesaron mal o no lo dijeron todo. Otros no tuvieron el dolor o el propósito suficiente. Incluso algunos, en lugar de hacer el examen, estudiaron la manera de engañar al confesor. Y el que muere con tal resolución lo único que consigue es contarse en el número de los réprobos por toda la eternidad. "¿Quieres ver ahora por qué te ha conducido hasta aquí la misericordia de Dios?". Mi guía levantó un velo y vi un grupo de jóvenes del Oratorio, todos los cuales me eran conocidos, que habían sido condenados por esta culpa. Entre ellos había algunos que ahora, en apariencia, observan buena conducta. Y continuó: "Predica siempre y en todas partes contra la inmodestia". Luego hablamos por espacio de casi media hora sobre las condiciones necesarias para hacer una buena confesión y concluyó en voz alta: "¡Que cambien de vida!... ¡Que cambien de vida!". "Ahora –prosiguió mi amigo– que has visto los tormentos de los condenados, es necesario que pruebes un poco lo que se sufre en el infierno". Salimos del horrible edificio, me tomó la mano, me la abrió con fuerza y me la acercó a la piedra del último muro externo. En aquel instante sentí una quemadura tan intensa y dolorosa que emití un grito agudísimo. Cuando terminó la visión, pude comprobar que mi mano, en realidad, estaba hinchada y tuve que llevar una venda por una semana».

¿Qué decir ahora? Hay muy poco que agregar, a no ser una breve apostilla. Y son algunas de las palabras sobre el infierno pronunciadas por la

Virgen de Medjugorje, palabras que han de amonestarnos a todos y llevarnos a cambiar de una vez para siempre.

Era el 4 de abril de 1985 cuando la Virgen pronunció estas terribles palabras:

> «Hoy en día muchos van al infierno. Dios permite que sus hijos sufran en el infierno debido a que cometieron pecados graves e imperdonables. Los que están en el infierno ya no tienen la oportunidad de conocer una suerte mejor. Las almas de los condenados no se arrepienten y siguen rechazando Dios. Lo maldicen aún más de lo que lo hicieron antes, cuando estaban en la tierra. Se hacen parte del infierno y no quieren ser liberados de ese lugar».

Las almas de los condenados se vuelven parte del infierno. El infierno, en breve, se convierte en su elemento, como el agua para los peces. Son uno con el infierno; no por casualidad, son seres infernales.

III

Actúa de un modo ordinario y extraordinario

En el mundo se está dando una lucha: la que el diablo está llevando contra Cristo, una batalla que concluirá solo con el juicio universal en el cual el diablo mismo será encadenado definitivamente. Pero hasta entonces las fuerzas infernales seguirán llevando adelante incansablemente su desesperada afrenta con el fin de arrancar la mayor cantidad posible de almas a Dios y conducirlas a la condenación eterna.

El diablo actúa en el espacio y en el tiempo como espíritu libre, y con él, sus demonios, sus secuaces. Los espíritus no están ligados a la materia, al peso, a la distancia, al tiempo, no se cansan ni tienen necesidad de reposo; no tienen necesidad de alimentarse ni de beber, no enferman; tienen personalidades propias, están dotados de inteligencia, de sentimientos y de voluntad, y poseen la capacidad de ser imperceptibles para el hombre (poderes que son llamados «preternaturales», es decir, más que naturales pero menos que sobrenaturales): pueden penetrar en los cuerpos materiales, transportar cuerpos pesados, mantenerlos suspendidos y hacerlos entrar en colisión; pueden crear sonidos, luces, imágenes y visiones, manipular la mente humana y producir estados alterados; pueden encantar la imaginación con seducciones y atracciones; pueden producir imágenes sexuales, mover la voluntad hacia el mal, procurar enfermedades; son fuente de tentación y de tormento para el hombre. Son moralmente perversos y malvados, enemigos de toda bondad, actúan a través de la mentira, están organizados en diversas jerarquías de poder y autoridad; pueden tener autoridad sobre lugares y naciones. Una persona puede ser poseída por más de un demonio y un solo demonio puede poseer a más de una persona al mismo tiempo.

Sin embargo, hay que decir algo importantísimo: todos los demonios siguen siendo creaturas y, como tales, son seres finitos, limitados en su poder de acción y subordinados a lo que Dios permita. Ningún espíritu, además, aunque esté dotado de inteligencia, fuerza, voluntad y capacidades superiores, puede interferir con la esfera sobrenatural, con el mundo de Dios, por cuanto el ingreso a esa esfera siempre les está vedado. Los demonios actúan, es verdad, pero es como si siempre estuvieran constreñidos a actuar un metro por debajo del cielo, un nivel por debajo del Reino de Dios.

Los hombres, en cuanto hijos de Dios, si permanecen unidos a Él, tienen poder contra el diablo y sus demonios, hasta tal punto que los demonios mismos no pueden actuar en la esfera moral de aquellos que viven en la luz divina, no conocen los pensamientos de las personas (a menos que se les dé acceso a ellos voluntariamente); pero sí pueden estimularlos en sentido pecaminoso sobre la base de las debilidades que reconocen en los comportamientos exteriores del individuo.

El diablo no conoce el porvenir, aunque uno de los mayores engaños demoníacos es la presunta predicción de los eventos futuros (en realidad, esta se basa solamente en suposiciones elaboradas inteligentemente). Por eso es necesario desconfiar de los adivinos que afirman que pueden predecir el futuro. Nadie ve el futuro, nadie.

El demonio vive desde hace milenios y conoce bien al hombre desde el día de su creación, sus aspiraciones, sus deseos, sus limitaciones y debilidades. Puede hacer una identificación perfecta de cada uno de nosotros, para poder combatirnos *ad personam*, secundando la fragilidad de nuestra naturaleza humana y nuestras inclinaciones mundanas. Pero no puede decir qué haremos mañana, dónde estaremos, qué nos pasará. La premonición del futuro no le está concedida.

En su limitado poder de acción sobre lo creado, Satanás puede operar en varios niveles de perturbación sobre el hombre, desde las perturbaciones leves de identidad hasta tomar posesión del cuerpo de un individuo y hacerlo hacer lo que quiera. Puede actuar de modo ordinario o de modo extraordinario.

– *Acción ordinaria*. La acción ordinaria de Satanás es aquella a la que estamos todos sometidos a diario y se refiere a las tentaciones de diverso tipo a las cuales cedemos más o menos (aunque inconscientemente), por omisión de hacer el bien en una circunstancia determinada o por el consentimiento directo a la provocación pecaminosa que no nos da tregua (ira, sexo, maledicencia, etc).

– *Acción extraordinaria.* La acción extraordinaria de Satanás se refiere solamente a algunas personas que de manera más o menos consciente han abierto un paso en su vida a los espíritus malignos o que son víctimas de ellos por causa de otros. Esto solo es permitido por el Señor para invitar a la conversión, iniciar un camino serio de fe o por muchos otros motivos que nos son desconocidos. Recordemos que somos simples creaturas y que, por tanto, por naturaleza somos incapaces de escrutar las alturas y designios insondables de Dios. Solo cuando seamos liberados de este cuerpo mortal y glorificados (o condenados) en el espíritu, podremos comprender plenamente lo que ahora parece confuso y nublado. Los exorcistas mismos utilizan diferentes términos para identificar los diversos grados de acción extraordinaria del diablo; sin embargo, lo que diré a continuación muestra las expresiones más corrientes.

– *Perturbaciones externas*. Son agresiones físicas a una persona por parte de los demonios, con cortes, quemaduras, rasguños, bastonazos, pellizcos, mordiscos, golpes que dejan moretones, hinchazones, llagas sangrantes, fracturas de huesos, letras y palabras (o signos) marcadas en la piel y que luego desaparecen. En este grupo también entran los padecimientos físicos que encontramos con frecuencia en la vida de algunos santos, como el Cura de Ars, Juan Bosco, el Padre Pío, y muchos otros. Ellos fueron sometidos a perturbaciones más graves: les lanzaban piedras, estiércol o heces; eran arrojados de la cama o empujados por las escaleras, lanzados por el aire o contra las paredes o arrastrados por el suelo. En estos casos, entiéndase bien, el demonio actúa; pero lo hace desde el exterior de la persona.

– *Vejaciones*. Se trata de diversos tipos de perturbaciones de importancia media que afectan al individuo (o a grupos enteros) en los ámbitos más significativos de la vida, tales como la salud (enfermedades desconocidas, incomprensibles y que se resisten a todo tipo de tratamiento), los afectos (litigios, falta de comunicación, frialdad recíproca, divisiones, divorcios, resentimientos, etc.), el trabajo (negocios que fracasan de improviso, clientela que desaparece, despidos sin motivo), los bienes (rupturas cíclicas de objetos, problemas extraños y persistentes, etc). Es típico el caso de enfermedades que aparecen y desaparecen de improviso, sin ningún motivo, como las desventuras descritas en el libro de Job, las pruebas de Tobías, el aguijón en el costado del que habla el apóstol Pablo. Pero hay muchos casos de enfermedades que aparecen sin motivo. Algunas de ellas pueden verificarse, por ejemplo, si una persona es golpeada por la posesión diabólica. Lean el libro de Francesco Vaiasuso, *La mia possessione*, y lo entenderán.

– *Obsesiones.* Del latín *absessio* (asedio, ocupación), se refiere a un fenómeno de opresión en la esfera psíquica que se manifiesta bajo la forma de imágenes, ideas y palabras que se presentan en la mente desde fuera de la propia voluntad. La obsesión demoníaca no tiene relación con eventuales patologías psíquicas, porque es el demonio mismo el que crea un ambiente opresor, como algo que encadena, quita el aliento al alma, ofusca la mente, entorpece la voluntad. A menudo se desarrollan pensamientos absurdos, malvados y blasfemos, de los que la víctima no se puede liberar; por eso la persona vive en un continuo estado de depresión, desesperación y pensamientos suicidas. A veces, una voz interior sugiere cosas malvadas de todo tipo, para destruir a la víctima y desanimarla llevándola a la puerta del suicidio. En este nivel, todavía no se da la pérdida del control físico como en los estadios sucesivos, pero la persona que vive en este estado de opresión puede ser llevada, por la desesperación, a cometer actos desconsiderados.

– *Infestaciones personales.* Es el fenómeno del cual son víctimas las personas que han sufrido un maleficio o un hechizo. Consiste en la acción de perturbación por obra de uno o más espíritus (a veces solamente el espíritu del mago o hechicero) que hace de la vida de la víctima un verdadero calvario. Esto supone la imposibilidad de orar y de entrar en una iglesia, repulsión y náuseas frente a todo lo que viene de Dios, pensamientos obsesivos, reacciones y comportamientos extraños e incontrolables, reacciones físicas extrañas en la piel, incluso manifestaciones similares a las de la posesión propiamente dicha.

– *Posesiones.* Es el tormento más grave y se da cuando Satanás se apropia de un cuerpo (nunca del alma, pues esta siempre es libre), haciéndolo actuar y hablar como él quiere, sin que la víctima pueda oponerse y, por lo tanto, sin que tenga responsabilidad moral. Se trata de una permanencia continua del demonio en un cuerpo humano, aunque la manifestación maléfica se limita a determinados momentos de «crisis». En estas circunstancias, el sujeto puede desarrollar una fuerza sobrehumana, moverse de modo extrañísimo, realizar acciones con los ojos cerrados, desarrollar actividades que nunca aprendió (recitar poesía, bailar, cantar), hablar lenguas desconocidas y extrañas, cambiar de voz, emitir muchas voces al mismo tiempo, hacer gestos y signos satánicos con las manos y los dedos, sufrir transformaciones y deformaciones del rostro, manifestar conocimiento oculto acerca de objetos, personas y acontecimientos pasados, revelar pecados desconocidos de los presentes, pronunciar palabras obscenas y blasfemar, mover objetos sin tocarlos, levantarse del suelo (levitar), moverse como un animal o emitir sus sonidos, caminar sobre las paredes o los techos, vomitar objetos, realizar acrobacias impresionantes, etc. Ciertamente, los casos reales de posesión son rarísimos y una indicación de que la persona está efectivamente poseída es el hecho de que al final de estas manifestaciones no recuerda nada de lo que ha sucedido. Sin embargo, en casos todavía más raros, puede suceder que el poseído recuerde algunas cosas. Estos casos son definidos como «de lucidez».

– *Sujeciones.* Es el caso en el cual una persona se somete al poder del diablo voluntariamente, con un pacto explícito o implícito, y queda bajo su dominio. Es el caso más grave y el demonio, aunque está interesado principalmente en destruir y esclavizar el alma que se ha «consagrado» a él, se manifestará con todo su poder en el cuerpo de la persona si esta decide arrepentirse y volver a Dios, a la Iglesia y a los sacramentos. Si hay un verdadero arrepentimiento, con la ayuda del Señor es posible salir también de esta grave condición.

– *Infestaciones ambientales.* Se refiere a los sujetos, las casas y los animales, y se da cuando en un ambiente se han practicado sesiones espiritistas, misas negras, rituales ocultos, prácticas esotéricas, etc. También la presencia de amuletos, objetos mágicos o consagrados al demonio, pequeñas estatuas e imágenes de gurús orientales (por ejemplo Sai Baba y sus seguidores) puede favorecer estas manifestaciones. Son frecuentes los casos de ruidos, pasos, cadenas, gritos, cantos blasfemos, voces, contactos físicos, roces, lucecitas que brillan durante la noche, puertas que se abren sin motivo, escritos que aparecen de repente, electrodomésticos que se enloquecen, aparición de insectos, corrientes de viento en lugares cerrados, sombras oscuras, etc. A menudo, los inquilinos de estas casas no se sienten a gusto, se sienten nerviosos, pierden el aliento, presentan malestares físicos, duermen mal, se ven más expuestos a discutir con los demás. El fenómeno de la infestación ambiental es el menos preocupante aunque muy fastidioso, y generalmente la bendición de un sacerdote o una oración comunitaria son suficientes para resolver el problema (en los casos más graves, es necesaria una Misa).

Un caso aparte es cuando se trata de la presencia de un alma en pena en un determinado lugar. En efecto, por un permiso especial de Dios esta puede manifestarse a los vivos de diversos modos con el fin de obtener sufragios para la expiación de sus penas y así reducir su permanencia en el purgatorio. En estos casos, siempre es necesario mantener una distancia prudencial del alma y ofrecerle a Dios oraciones por ella y, mejor aún, ofrecer una Misa de sufragio para que pueda encontrar la paz definitiva. A veces, la infestación ambiental puede ser la consecuencia y el síntoma de una perturbación extraordinaria operada sobre una persona; en estos casos, la bendición del lugar no será la solución, pues los fenómenos seguirán presentándose dondequiera que la persona esté. En estos casos, entonces, la bendición debe ser hecha sobre la persona y no sobre el lugar.

IV
Contra él obran los exorcistas

En mi vida he tenido que responder a una infinidad de preguntas sobre los exorcismos. La primera, que siempre aparece, es si hay exorcistas más fuertes y más capaces que otros. No niego que hay diferencias entre uno y otro. Pero es difícil valorar qué es lo que hace la diferencia. Hay factores espirituales (por ejemplo, la intensidad de la oración, la unión con Dios y los sacrificios) y hay factores humanos como la experiencia, la inteligencia, la cultura, la intuición. Pero todo esto es relativo. Puede ser que con algunos demonios funcione mejor un exorcista y con otros, otro. Pero, repito, es un asunto difícil de explicar.

Un exorcista francés, respondiendo a su obispo, que le había hecho esta pregunta, le hizo una lista de las cosas que había aprendido año tras año durante el ejercicio de su ministerio. En esencia, lo que le quería decir era que solo podía compararse consigo mismo y que siempre tenía algo nuevo que aprender aunque también contaba con la ventaja de la experiencia.

Para llegar a la liberación del demonio, entran en juego muchos factores: el compromiso de fe de la persona afectada y de sus seres queridos, el empeño en la oración, la fe en la intercesión de la Iglesia y, por tanto, el apoyarse en el exorcista como instrumento de Dios a través del encargo recibido por parte del obispo. Me he dado cuenta de que algunos exorcistas son más eficaces con un cierto tipo de maleficios; pero siempre es el Señor el que decide y concede la gracia del resultado como Él quiere, porque solo a Él se debe la gracia.

Otra pregunta realmente importante es la diferencia que existe entre un mago y un exorcista. Es importante conocer la respuesta porque a menudo la gente acude a quien no debería. El mago, cuando es un verdadero mago y no un simple embaucador, actúa con la fuerza de Satanás; el exorcista, por el contrario, actúa con la fuerza del nombre de Jesús y la intercesión de la Iglesia. Y es bueno que todos sepamos eso. Los magos son discípulos de Satanás y no pueden hacer otra cosa que llevar a quien acude a ellos a la desesperación, a la nada, al sufrimiento infinito. No se obtienen beneficios de ninguna clase ni por ningún motivo. Incluso si en un primer momento uno se siente mejor, inmediatamente después pierde ese pequeño beneficio y se hunde más profundamente que antes. ¡Cuántas personas he conocido que han acudido a los magos y han terminado por arruinar completamente su existencia!

En todo caso, más allá de la ayuda de los exorcistas, es necesario recordar que todas las oraciones son eficaces si son hechas con fe, humildad, caridad, es decir, sin ningún interés material, sin elementos extraños. Orar los unos por los otros es una recomendación que Dios mismo nos ha dado. Cada uno de nosotros puede hacerlo en conformidad a su sacerdocio adquirido por el bautismo y, mucho más, si se trata de un sacerdocio ministerial.

Evidentemente, en estos casos, se trata de oraciones privadas que no tienen nada que ver con el sacramental del exorcismo. Pero son oraciones que pueden obtener muchos frutos. Conozco muchas personas que oran y bendicen con eficacia; pero también conozco a muchas otras que se han ganado una fama de santeros y no son más que embaucadores o hipócritas cuando no malos.

No podemos pretender que la autoridad eclesiástica se pronuncie en todos los casos; son muchísimos y no necesitan una consideración de carácter oficial. Somos nosotros los que debemos tener sensatez y sabernos regular; los párrocos deberían ser capaces de dar consejos apropiados en los casos particulares que se dan en sus parroquias. Y, ante todo, deberían decirles a todos que no acudan a los magos por ninguna razón.

Dediquemos ahora unas pocas líneas a los magos y preguntémonos: ¿es pecado acudir a ellos? Es un pecado de superstición que transgrede el primer mandamiento y, por tanto, es condenado expresamente en la Biblia. Puede suceder que al acudir a un mago se obtengan beneficios; pero la experiencia enseña que en la mayoría de los casos se trata de curaciones condicionales que luego abren espacio a males mayores. En todo caso, es desgraciada la persona que es curada por un mago, es decir, por un colega de Satanás, pues contrae una atadura ya sea con el demonio o con el mago. Y casi siempre se trata de atadura con fuertes consecuencias y que son muy difíciles de desatar.

Además de los magos están los cartománticos. Esto también es un pecado de superstición, que tiene distintos grados de gravedad. Por ejemplo, una persona se hace leer las cartas por la simple curiosidad de saber qué le van a decir; esto es un pecado venial, pero se expone al riesgo de continuar en ello y agravar la situación. Yo suelo dividir a los cartománticos en tres categorías: los embaucadores, que ganan dinero a costa de los ingenuos; los que tienen algún poder paranormal y se sirven de las cartas para usarlo, como un rabdomante que usa una varita para encontrar agua. En este caso no hay ni culpa ni daño, pues se está en los límites de lo debido (por ejemplo, esta persona sabe que no puede predecir el futuro). Y, por último, están los cartománticos que practican con las cartas la magia y la adivinación.

Los exorcismos son otra cosa. Son eficaces porque en ellos es Cristo el que opera. También se pueden hacer exorcismos a distancia. Algunas veces he exorcizado por teléfono eficazmente; otras veces hago por las noches exorcismos por las personas más afectadas que acuden a mí. Lo que no se puede hacer es exorcizar contra la voluntad de una persona: el Señor ofrece sus dones, pero no los impone. Me ha sucedido que he tratado a personas cuyos familiares creen que están endemoniadas, pero no oran, no van a la Iglesia, no creen y por nada del mundo aceptarían la bendición de un sacerdote. En estos casos solo se puede orar por ellas.

Hay otras dos preguntas que me hacen a menudo. La primera: ¿un exorcista se puede equivocar? Muchas veces he escuchado a personas que dicen: «Llevé a mi pariente a ver a un exorcista, pero no encontró nada. Sin embargo, su comportamiento hace suponer una presencia maléfica y un sensitivo afirma que es víctima de un hechizo. ¿Es posible que ese exorcista se haya equivocado?». En un caso como este, yo aconsejo escuchar la opinión de otro exorcista. Pero no podemos olvidar que hay personas un poco maníacas que van de un exorcista a otro hasta encontrar al que les dice lo que quieren escuchar. Entonces se requiere un médico serio o una serie de oraciones de liberación de esa manía específica, si el sujeto está dispuesto a colaborar.

La segunda pregunta es: ¿cuáles son los principales obstáculos que encuentra un exorcista?

Son muchos. Obstáculos para hacer un diagnóstico, incluso con la ayuda de médicos especialistas. Y si se encuentra un mal de origen diabólico, muchos obstáculos derivan de la escasa colaboración del paciente: es necesario que haya una verdadera conversión a Dios, una vida de gracia, mucha oración y frecuentar los sacramentos. La gente es perezosa; suele tender a la pasividad: «Padre, libéreme del demonio», me dicen a menudo. «No –respondo yo–. Eres tú quien debe liberarse. Yo solo puedo ayudarte e indicarte los medios». A veces hay impedimentos a la gracia: dificultad para perdonar de corazón, para cambiar de vida si se está en un estado de pecado, dificultad para romper ciertos lazos con el Maligno porque requieren romper ciertos lazos humanos (amistades pecaminosas, vicios radicados, etc). La tarea del exorcista es fundamentalmente llevar las almas a Cristo: Él es el liberador. Todo lo que obstaculiza una vida de unión con Dios es obstáculo para la tarea del exorcista.

V

La posesión demoníaca

Todo es permitido por Dios, pero no todo es querido por Él. De Dios solo viene el bien. Y no es verdad que el bien y el mal hayan existido siempre; hay filósofos y religiones que se basan en este falso concepto, como si el bien y el mal fueran dos fuerzas eternas, en el mismo plano. No se excluirían mutuamente. Dante diría: «Pues la contradicción no lo consiente». Y solo Dios ha existido siempre: el único principio de todo. Dios solo ha creado el bien; por eso la Biblia nos presenta a Dios que se complace de haber creado todas las creaturas bellas y buenas, para la vida y para la felicidad.

El mal entró en el mundo cuando Dios quiso crear seres de extraordinaria grandeza, inteligentes y libres. La libertad, tanto para los ángeles como para los hombres, es una grandeza insustituible. El mal se inició por culpa del ángel y luego del hombre, que abusaron de este don de Dios. De modo que el mal no ha existido siempre, sino que tuvo origen cuando una parte de los ángeles se rebeló contra Dios y, luego, cuando Adán y Eva le desobedecieron. Entonces, sin embargo, se manifiesta la misericordia y la sabiduría divina que, aunque tolera el mal (porque Dios no reniega de sus creaturas ni niega la posibilidad que les ha dado de dañar a otros), sabe sacar el bien del mal. Por eso las enfermedades, los dolores, las persecuciones, todo el mal que hay en el mundo, si bien no proviene de Dios, sí puede llevar a la santificación y al bien.

Es bueno que sepamos que todos los seres humanos están sujetos a las tentaciones de Satanás, es decir, a su acción ordinaria. Pero siempre nuestra libertad es capaz de vencerlas. La Escritura nos asegura, de hecho, que Dios no permite que seamos tentados más allá de nuestras fuerzas; que podemos y debemos resistir a Satanás, «fuertes en la fe» (1Pe 5,2); que si resistimos, Satanás «huirá de nosotros» (Sant 4,7). Sin embargo, debemos usar los medios de gracia que el Señor nos da, de acuerdo con su exhortación: «Velad y orad para que no caigáis en tentación» (Mt 26,41).

Es más complejo hablar de la relación entre libertad y posesión diabólica. En los casos en los que sucede una posesión diabólica por culpa del hombre, se trata de un uso malvado de la libertad, por lo cual se paga la consecuencia de las culpas que han llevado a la posesión. Por el contrario, cuando la posesión es sin culpa (porque se debe a permisión divina o a un maleficio), el hombre la padece contra su voluntad libre y se comporta ante ella como ante los muchos sufrimientos humanos, por ejemplo, ante una enfermedad. En todo caso, la posesión no quita la libertad, salvo en los momentos de crisis aguda, en los cuales no se es responsable de lo que se dice o se hace. Pero el libre arbitrio permanece y, consecuentemente, permanece también la posibilidad de hacer el bien o el mal, de santificarse o de condenarse.

Con esta premisa, nos preguntamos entonces: ¿por qué Dios permite que un niño inocente pueda nacer ya con perturbaciones maléficas o, incluso, con una posesión diabólica? O, ¿por qué Dios permite que un niño de pocos meses o años sea víctima de una posesión diabólica?

Este problema también debe ser visto a la luz de todo el tema inherente a la relación entre el dolor y el mal. Miremos la cruz de Cristo, la resurrección que le sucede, y entonces podremos comprender algo más. Hay dolores que no tienen una explicación racional si atendemos solamente a la vida terrena, pero que adquieren su significado si miramos a la vida eterna. Para ayudarnos a entender esto mejor, intentemos comparar un niño que nace con un maleficio con un niño que nace enfermo, por ejemplo, con una discapacidad determinada. ¿Por qué Dios, que solo quiere el bien, permite esto? No es fácil dar una respuesta. Siempre hay una dosis de misterio detrás de todo mal. Sin embargo, es necesario que demos crédito a la sabiduría de Dios, que sabe sacar el bien incluso de este mal no querido por Él.

¿Por qué Jesús no liberó a Judas de Satanás?

Dios siempre respeta nuestra libertad, aunque la usemos mal. Sabemos que quiere que todos nos salvemos, que Jesús murió por todos, que nadie está predestinado al infierno; y también sabemos que si uno peca, Dios no quiere la muerte del pecador, sino que quiere que se convierta y viva. Sin embargo, Dios ofrece sus dones, no los impone. Y nosotros siempre podemos rechazarlos. Yo pienso que Judas tuvo gracias extraordinarias tanto por haber conocido a Jesús y vivido con Él, como por haber podido sobreponerse a su miserable condición de ladrón. ¡Quién sabe cuántos intentos hizo el Señor para convertirlo! Solo un rechazo persistente y pertinaz de la gracia puede haberlo llevado al punto al que llegó. Y lo que hemos dicho de Judas vale para todos.

A menudo encuentro personas que me dicen: «En mi casa se escuchaban ruidos nocturnos que nos perturbaban. Luego nos enteramos de que, antes de que viviéramos allí, un hombre se había ahorcado en esa casa. Por consejo de un amigo de la Renovación del Espíritu mandamos celebrar por el difunto una Misa gregoriana y los ruidos cesaron». Podría contarles sobre otros hechos atribuidos a difuntos y las subsiguientes peticiones. ¿Qué se puede decir al respecto?

Es un tema muy amplio que debería ser profundizado, como no se ha hecho hasta ahora. Creo que es un asunto que debe ser enmarcado en la investigación bíblico-teológica sobre los siguientes temas: ¿cómo es la vida de los difuntos y de los demonios mismos antes del juicio universal?, ¿cuál es su actividad? Algunas verdades forman parte del magisterio de la Iglesia. Comencemos con los espíritus angélicos. Sabemos que ángeles y demonios ejercen una actividad con respecto a nosotros, benéfica o maléfica según su naturaleza. Con respecto a los demonios, Pedro y Juan declaran unánimemente que están encadenados en el Tártaro en espera del juicio final; también Pablo nos advierte que los justos estarán asociados a Cristo en el juicio de los ángeles. Evidentemente, el hecho de que la elección tanto de los ángeles como de los demonios sea definitiva e irreversible, y el hecho del encadenamiento de los demonios, no impide una actividad por su parte, ya sea ordinaria o extraordinaria, como hemos visto; y es una actividad que continuará hasta el fin del mundo.

Con respecto a las almas humanas, sabemos que para ellas el período de prueba termina con la muerte. Pero entretanto, en la espera del juicio final, ¿qué pueden hacer en relación con el mundo de los vivos? El dogma de la comunión de los santos nos habla de la actividad de los santos: pueden recibir nuestras súplicas e interceder por nosotros.

El mismo dogma nos habla de la actividad de las almas del purgatorio: pueden recibir nuestros sufragios y pueden interceder por nosotros. Hasta ahora no se ha dicho nada de las almas de los condenados.

Sobre todo el mundo laico se ha interesado y se interesa por este problema. Pero lo que ha faltado, especialmente en los últimos decenios, es el interés de los teólogos, que a menudo no se ocupan de los problemas del más allá. Como el talante de los teólogos repercute en la actividad pastoral, también los sacerdotes los han secundado en su desinterés. En consecuencia, hemos encontrado, por ejemplo, una temible carencia de predicaciones sobre los novísimos, carencia en las predicaciones y también en los catecismos; y no solo en el *Catecismo holandés* que, aunque fue muy combatido cuando apareció, fue imitado por otros catecismos posconciliares.

No puedo negar que, en estas condiciones, los exorcistas muchas veces se ven sorprendidos ante problemas que su cultura teológica no puede resolver con seguridad. A continuación presentaré algunas propuestas de solución, hechas con humildad y un poco de duda, como vimos, por ejemplo, a propósito de las presencias. Pero el mundo de hoy, estaríamos ciegos si no nos diéramos cuenta, espera de nosotros las respuestas a problemas nuevos, o a problemas que se plantean en términos nuevos, y nosotros los sacerdotes estamos desprovistos, sin certeza, divididos y, sobre todo, no comprometidos ni interesados, aunque se trate de problemas que nos incumben de un modo directo y específico.

A menudo me preguntan: ¿quién son más atacados por las perturbaciones satánicas, las mujeres o los hombres?, ¿los jóvenes o los mayores?

Los exorcistas bendecimos muchas más mujeres que hombres. Esto se debe, en parte, al hecho de que las mujeres están más dispuestas que los hombres a recibir las bendiciones de un sacerdote. Pero creo que este hecho no basta para justificar la diferencia, así como tampoco el cálculo numérico, según el cual hay más mujeres que hombres desde el punto de vista demográfico. Creo, en efecto, que las mujeres están más expuestas a los ataques del demonio porque este planea servirse de ellas para luego atacar a los hombres. Un poco como lo ha hecho desde el inicio, tentando primero a Eva. En todo caso, en este punto tampoco nos está dado ofrecer una explicación cierta de la razón.

Con respecto a la segunda pregunta, no hay duda: son más atacados los jóvenes, porque a menudo son estos los que caen voluntariamente en las redes de Satanás y, a veces, al ser tentados por tener experiencias nuevas pero peligrosas se convierten en víctimas del demonio.

¿El endemoniado es un enfermo contagioso? Cuando se le ayuda, ¿se puede sufrir algunos daños, como, por ejemplo, la venganza de Satanás?

Los maleficios no son contagiosos, pero es posible que una familia entera sea golpeada, o un grupo muy grande, como ya hemos dicho. Vemos que cuando solo una persona es atacada, no recibe ningún daño su cónyuge ni sus hijos. Tampoco los demás. Ayudar a estos enfermos es una obra altamente meritoria, tanto como lo es ayudar a quien lo necesita. La ayuda puede ser constante en la oración, en la recepción de los sacramentos, en la actividad cotidiana. Quien asiste y ayuda a un exorcista, por su parte, puede verse en la necesidad de sostener al endemoniado si este se agita, de limpiarlo si babea. En estas personas nunca he visto ningún inconveniente. Y vuelvo a decir, especialmente para los sacerdotes que temen la venganza de Satanás si se dedican a este ministerio, que el Maligno de hecho nos hace todo el daño que puede; es una vana ilusión pensar que si lo dejamos en paz, él nos dejará en paz, y es una soberana tontería pensar que se venga con más fuerza de quien lo combate con más fuerza. Miremos a los santos: en general vemos que cuanto más uno combate al demonio, tanto más miedo este le tiene a aquel. Esto es lo normal. Los santos que han sufrido daños físicos por parte del demonio, como el Cura de Ars, son excepciones y, por lo general, no eran exorcistas. Por esto, es tonto pensar que si lo combatimos, él puede hacernos el mal. Él les hace el mal a todos y se lo hace más a quien está alejado de Cristo.

Una mujer me contó una vez: «Mi vida ha sido una completa sucesión de males. Cientos de veces he sido hospitalizada en cardiología; la vida de mi familia es una cadena de desgracias...». Esta dura experiencia, narrada en vivo durante una de mis transmisiones en Radio Maria, desgraciadamente no es algo raro. A este respecto un psiquiatra me preguntó: «En personas que no tienen síntomas de enfermedades psíquicas, pero que presentan males de naturaleza no curable por vía médica, he visto síntomas de frío, fatiga, somnolencia, tendencia a acomodarse en una indolencia absoluta... ¿Ve usted también estos síntomas?». La respuesta es sí, también nosotros vemos estos síntomas, hoy cada vez más frecuentes, y sobre todo en los jóvenes. Y añado: pérdida de la fe, tendencia a quedarse encerrado en casa, total incapacidad de estudiar o de hacer cualquier trabajo, hasta una especie de bloqueo cerebral. Con frecuencia se suman la repugnancia ante cualquier alimento y la sensación creciente de desesperación. Por ejemplo, en el hospital Gemelli de Roma, he exorcizado a una joven que padecía de anorexia, y se obtuvieron buenos resultados. No dudo en repetir que en casos como este es indispensable una colaboración entre los exorcistas y los *«psi»* (uso la sílaba como los franceses, para referirme a psiquiatras, psicólogos, psicoanalistas, etc.), especialmente los psiquiatras. Entiéndase bien: no estoy diciendo que en todos los males deba intervenir un exorcista; solo quiero decir que en cualquier caso se puede pedir la intervención de un sacerdote o de un exorcista, pues de todos modos no hace daño.

VI
Las prácticas del exorcismo

Cuando se ha reconocido y verificado la posesión diabólica, se puede proceder con el exorcismo.

Desde Jesús, que ordenó explícitamente expulsar los demonios y dio su ejemplo, continuando en la época de los apóstoles y en el siglo después de su muerte, para proseguir en los siglos de los primeros Padres de la Iglesia (200-600 d.C.) y en el Medioevo, hay una tradición ininterrumpida de creencias y ritos de la Iglesia católica que tiene por objeto los exorcismos.

En el transcurso del tiempo, todo esto ha sido condensado en el interior del así llamado rito de exorcismo, el rito que todo exorcista debe seguir cuando pretende exorcizar a un poseído. Desde luego, no basta con el exorcismo; es necesario también que el poseído ponga su existencia en un estricto régimen de oración y ayuno. Y después, solamente después de haber aceptado este nuevo régimen de vida, puede someterse a los exorcismos.

Antes del rito propiamente dicho hay una serie de instrucciones –también podríamos llamarlas reglas– que es necesario tener presentes. Es necesario que el sacerdote que exorciza las conozca, pero también es útil que las conozcan los fieles que quieren ayudar en los exorcismos con su oración. Estas instrucciones son veintiuna en total:

1. El sacerdote que se prepara para exorcizar con el permiso especial y explícito del obispo a las personas atormentadas por un espíritu maligno debe ser piadoso, prudente y moralmente íntegro. Debe cumplir este encargo con humildad y coraje, sin basarse en sus propias fuerzas, sino en el poder de Dios. Además no debe desear beneficios materiales. Así pues, debería ser de una edad madura y respetado no solo por sus cualidades, sino también como hombre virtuoso.

2. Para tener la capacidad de cumplir correctamente su labor, debería conocer los escritos prácticos sobre el tema del exorcismo compilados por autores aprobados por la Iglesia.
3. El exorcista no debe creer con facilidad que alguien está poseído por un espíritu maligno. Debe conocer muy bien los signos que permiten distinguir una persona poseída de una que sufre una enfermedad física. Los signos que indican posesión por parte de un espíritu maligno son: cuando el sujeto dice muchas palabras de lenguas que él desconoce o cuando las comprende; cuando muestra evidencia de que conoce hechos distantes u ocultos; cuando muestra una fuerza física mucho mayor de la compatible con su edad o con sus condiciones físicas normales. Estas manifestaciones constituyen, junto con otras de la misma especie, un indicio importante.
4. Para adquirir una certeza aún mayor, el exorcista debe interrogar al sujeto después de una o dos intimaciones pronunciadas en el transcurso del exorcismo y preguntarle cómo se siente espiritual y físicamente. De este modo

logrará descubrir qué palabras perturban más al espíritu maligno, y así podrá repetirlas y producir efectos mayores sobre el espíritu posesor.

5. El exorcista debe percatarse de los trucos y engaños de los que se sirven los espíritus malignos para desviarlo del camino. Estos, en efecto, tienen la costumbre de mentir en las respuestas y de no manifestarse, con el objetivo de que el exorcista se fatigue y deje de conminarlos; o crean la impresión de que la persona exorcizada no está poseída.
6. A veces el espíritu maligno revela accidentalmente su presencia para esconderse de nuevo, dando la impresión de que ya no molesta físicamente al exorcizado, por lo cual este piensa que ya está completamente liberado. Pero el exorcista no debe dejarse engañar por estos fenómenos ni desistir de su intervención hasta que no vislumbre los signos de la liberación.
7. Otras veces, el espíritu maligno interpone cualquier obstáculo posible para impedirle al poseído someterse al exorcismo. O intenta persuadirlo de que su malestar tiene un

origen completamente natural. En ocasiones induce al poseído a adormecerse durante el exorcismo y le provoca visiones mientras se mantiene oculto, para dar la impresión de que el poseído se ha liberado de él.

8. Algunos espíritus malignos revelan la existencia de hechizos ocultos, el nombre del que los ha hecho y la manera de desatarlos; pero el exorcista debe cuidarse bien de recurrir a acciones similares a las obras de brujos o magos, o a otras personas que no sean ministros de la Iglesia. Así pues, el exorcista no deberá recurrir a prácticas supersticiosas ni a otros métodos ilícitos.
9. En ocasiones el espíritu maligno deja en paz al poseído y le permite incluso recibir la santa comunión, para dar la impresión de que se ha ido. En otras palabras: las estratagemas y artimañas de las que se sirve el espíritu maligno para engañar a los hombres son innumerables y el exorcista no puede perder la cautela, para no caer en el engaño.
10. Por eso, deberá tener siempre presentes las palabras de nuestro Señor, según las cuales

hay una especie de demonios que solo pueden ser expulsados con la oración y el ayuno (cf Mt 12,20). Así, el exorcista debe comprometerse a fondo con la intención de seguir el ejemplo de los santos Padres y servirse de estos dos medios de importancia fundamental para obtener la ayuda de Dios y expulsar al espíritu maligno.

11. El poseído puede ser exorcizado, según el caso, en una iglesia o en cualquier otro lugar que tenga un significado religioso y esté alejado de los ojos del público. Si el sujeto está enfermo, o si hay otros motivos válidos, el exorcismo puede tener lugar en una casa privada.
12. Para que el poseído se mantenga sano de mente y cuerpo, debe ser animado a dirigirse a Dios con la oración y el ayuno, a obtener frecuentemente el consuelo espiritual de los sacramentos de la confesión y de la santa comunión, sometiéndose al juicio del sacerdote, y mientras es exorcizado, debe ser animado a dirigirse y entregarse a Dios y a pedirle a Él la salvación con fe sólida y hu-

mildad. Y si es atormentado con violencia, debe tolerar con paciencia, sin dudar jamás de la ayuda de Dios.

13. El poseído debería tener un crucifijo en la mano o a la vista. Se le pueden poner sobre el pecho o la cabeza reliquias de santos, si están disponibles. Las reliquias deben ser previamente protegidas para impedir eventuales profanaciones. Siempre hay que estar atentos para que los restos sacros no sean vilipendiados o dañados. Nunca se debe poner la santa Eucaristía sobre el cuerpo del poseído, pues existe el peligro de que sea tratada de modo irreverente.

14. El exorcista debe evitar toda retórica y no hacer preguntas superfluas por simple curiosidad, especialmente sobre eventos futuros y temas ocultos que nada tienen que ver con su labor. Debe ordenar al espíritu inmundo que se calle y se limite a responder a las preguntas que se le hacen. Además no debe creer al espíritu maligno cuando este afirma que es el alma de un santo o de una persona difunta, o que es un ángel custodio.

15. Para dar un ejemplo, las preguntas que se le deben hacer a un espíritu maligno durante el exorcismo son las siguientes: la cantidad y los nombres de los espíritus que se han apoderado de la víctima; cuándo entraron en el poseído; por qué se apoderaron de él, y otras del mismo estilo. El exorcista debe reprimir las manifestaciones de vanidad, mofa y estupidez del espíritu maligno, y tratarlo con desprecio. Además debe advertir a los presentes –que probablemente son muy pocos– que no presten atención a lo que dirá el espíritu maligno y que no hagan preguntas a la persona poseída; más bien, deben dirigir a Dios oraciones humildes y fervientes para que libere al poseído.
16. El exorcista debe celebrar el rito con firme autoridad y ser animado por una profunda fe llena de humildad y fervor. Y cuando se dé cuenta de que el espíritu maligno está siendo presa de fuertes tormentos, debe apremiarlo con mayor vigor. Cada vez que vea un movimiento, una herida, una tumefacción en alguna parte del cuerpo del poseído, debe

hacer el signo de la cruz y asperjar agua bendita, la cual debe tener a mano.

17. Así pues, debe prestar atención a las palabras y expresiones que más espantan al espíritu maligno, y repetirlas con muchísima frecuencia. Cuando llegue el momento de la expulsión, deberá pronunciar repetidamente la intimación con palabras penetrantes. Si se da cuenta de que está a punto de tener éxito, insistirá por dos, tres, cuatro horas, tanto tiempo como pueda, hasta la victoria final.
18. El exorcista debe abstenerse de ofrecer medicinas de cualquier tipo al poseído o de sugerírselas, y debe dejar esta tarea al médico.
19. Si tiene que exorcizar a una persona de sexo femenino, deberá estar asistido por mujeres de costumbres totalmente irreprensibles que puedan mantener quieta a la poseída cuando esta sea atormentada y maltratada por el espíritu maligno. Estas mujeres deben dar prueba de gran paciencia y pertenecer, en la medida de lo posible, a la familia de la poseída. El exorcista debe evitar todo motivo de escándalo, así como cualquier gesto o

palabra capaces de provocar prejuicios sobre él mismo o los demás.

20. Durante el exorcismo, el exorcista debe usar preferiblemente las palabras de la Biblia antes que servirse de expresiones propias o de otras personas. Así pues, debe imponerle al espíritu maligno que revele si su permanencia en el cuerpo del poseído se debe a un hechizo de magia, a un símbolo mágico o a un documento oculto. En caso afirmativo, el poseído debe entregarlo para que el exorcista pueda tener un buen resultado. Si ha tragado algo de ese género, deberá vomitarlo. Si esa cosa no se encuentra en el cuerpo del poseído sino fuera de él, el espíritu maligno debe revelar al exorcista dónde está. Cuando este la encuentre, debe quemarla. Se le debe aconsejar al obseso que manifieste al exorcista todas sus tentaciones.
21. La persona poseída que ya ha sido liberada del espíritu maligno debe ser advertida de que debe evitar concienzudamente acciones y pensamientos pecaminosos. Si no lo hiciera, podría ofrecer al espíritu maligno la

ocasión de que retorne y la vuelva a poseer. En este caso, el poseído «reincidente» se encontrará en condiciones peores que las anteriores.

VII
Antes de la posesión

Hablar del demonio no es sencillo, aunque les interesa a todos, sin excluir a nadie. También lo sabe el papa Francisco, quien en sus primeros discursos y homilías ha hablado repetidamente de él. Pero debo decir que todos los Papas recientes han incluido el tema del diablo en sus discursos.

¿Por qué el diablo les ataca a todos desde el nacimiento hasta la muerte? Porque él es el tentador, el demonio que odia a Dios y por ello tienta al hombre hacia mal. Y tienta a todos los hombres y siempre. San Pedro dice: «El diablo, como león rugiente, da vueltas y busca a quién devorar» (1Pe 5,8). Es decir, busca el punto débil de cada uno, para atacarlo. Y recordemos a san Pablo en la Carta a los efesios:

«En definitiva, cobrad fuerzas en el poder soberano del Señor. Revestíos de la armadura de Dios para que podáis resistir las tentaciones del diablo» (Ef 6,10-12).

En pocas palabras: los espíritus del mal nos circundan en el aire, siempre están con nosotros, por todas partes. Siempre están alerta y dispuestos a atacarnos.

Quisiera que dos frases permanezcan en todos. Jesús dice: «Quien no está conmigo, está contra mí». Es decir: «O estás conmigo o estás con Satanás». No hay término medio. A muchos les gustaría que lo hubiera; pero no lo hay. Y otra frase que muchos repiten: «Creo, pero no soy practicante». ¿Cuál es la respuesta que hay que darle a quien habla así? Esta: todos los diablos creen en Dios, pero ninguno de ellos es practicante.

Satanás está en todas partes y siempre tienta, incesantemente. Por ejemplo: estás en compañía de tus amigos que fuman marihuana y a ti se te pasa por la mente la idea de fumar y probar. Tú crees que es una iniciativa tuya. Sí, es verdad, tú eres quien actúa, pero detrás de tu acción está la tentación de Satanás. Y has caído en ella. Satanás tienta a todo el mundo, desde el nacimiento hasta la muerte, hasta el último instante. Recuerdo siempre al padre Cándido Amantini, mi maestro. Fue exorcista en Roma, en la Scala Santa durante treinta y seis años. Toda su vida combatió a Satanás y también tuvo que combatir en el momento de su muerte. Esto se veía en la expresión de su rostro que, por momentos, se ponía rígido y se endurecía: estaba combatiendo contra Satanás. Desde el inicio hasta el fin, la batalla contra el mal es para todos los hombres, hasta el último instante de su vida.

La tentación de Satanás para llevarnos al infierno vale para todos. Y también, como hemos dicho, su acción extraordinaria: cuando ataca a través de la posesión diabólica y de la vejación diabólica.

Es interesante entender cómo se comporta el diablo en estos casos; es decir: ¿cómo se comporta antes de ser descubierto y cómo se comporta cuando lo ha sido?

Hablemos del antes, de lo que sucede antes de que Satanás pueda poseer a una persona. Muchas veces he encontrado individuos que nunca tuvieron la más mínima idea de que podían ser víctimas de infestación diabólica y que al ir a un santuario mariano o a una oración de liberación, empezaron a gritar y blasfemar. Entonces se dieron cuenta de que en ellos había algo de lo que no se habían percatado. Una presencia. La descubrieron sorprendidos. Ahora ven lo escondido que ha actuado el demonio en ellos durante años, quedándose completamente oculto para que no lo notaran.

A veces hay perturbaciones que muestran que hay algo más de lo que los médicos pueden diagnosticar. Son males que nadie logra curar. Entonces uno se da cuenta de que podría tratarse de un mal de otra naturaleza, no de un mal natural, sino sobrenatural, un mal de origen diabólico.

El caso más común es cuando uno está ante males psíquicos. No siempre, pero a veces, los especialistas no descubren nada o hacen un diagnóstico y creen que han resuelto el problema, pero no han resuelto nada. Una de las cruces más pesadas para estas personas, que no saben que son golpeadas por un mal de este estilo, es que son tomadas por maniáticas, pero en realidad no tienen nada; además muchas veces tienen largos períodos en los cuales están bien y entonces quienes viven en su entorno dicen que no tienen nada. Pero luego, de un momento a otro, el sufrimiento resurge y produce graves malestares.

Así pues, estas personas, cuando no encuentran ninguna ayuda en los médicos, ¿qué hacen? O se resignan o empiezan a acudir a magos, adivinos, hechiceros y de este modo los males que hay en ellas empeoran cada vez más. Si eran pequeños, se vuelven grandes. Quien recurre al exorcista, en cambio, no lo hace porque sepa que existe este ministerio, sino porque un amigo o un sacerdote le aconsejan que lo haga. La acción del exorcista siempre es útil porque acerca a Dios y a los sacramentos. Es ante todo una acción de conversión.

El exorcista, en todo caso, intenta entender por qué una persona sufre un mal determinado. A menudo hay un origen claro, del cual es culpable la persona que sufre. En ocasiones quien tiene un malestar de este tipo lo tiene porque ha participado por un cierto período en sesiones espiritistas o ha intentado hablar con los difuntos a través de la escritura automática o con un aparato eléctrico.

Estos métodos son puertas que se abren al mal. Dice el Deuteronomio:

> «No haya en medio de ti quien queme en sacrificio a su hijo o a su hija, ni quien practique la adivinación, el sortilegio, la superstición, el encantamiento, ni quien consulte a los adivinos y a los que invocan a los espíritus, ni quien interrogue a los muertos. Pues todo ello es abominable a los ojos del Señor, tu Dios» (Dt 18,10-12).

El contacto con los muertos es siempre nefasto porque cualquier contacto es una ilusión, una falsedad. Hay que vivir de la fe y de la verdad, encomendar a Dios las almas de los difuntos, orar por ellos y no buscarlos. Hay muchas personas en el purgatorio y se debe orar por ellas. Buscar otras vías hace daño, mucho daño.

Así pues, el exorcista indaga sobre el malestar. Hace muchas preguntas. ¿Cuándo comenzó el malestar? A menudo encuentro jóvenes que después de años de compromiso han dejado a su novia, pero esta, que sería la futura esposa, no se resigna y ha jurado venganza. A veces ciertas promesas hechas por personas malvadas tienen la voluntad de hacer el mal y logran su cometido, recurriendo a magos, cartománticos y médiums.

Por eso es útil un interrogatorio antes de comenzar. ¿Cómo se comporta el demonio durante este interrogatorio? Está escondido, busca engañar al exorcista y hacerle creer que la persona está enferma, pero no poseída. Recordemos lo que sucede después del episodio evangélico de la Transfiguración. Están los nueve apóstoles esperando a Jesús y se encuentran con un endemoniado que presenta actitudes que hacen que parezca alguien que tiene un mal natural. El demonio simula. Intenta no ser descubierto. El interrogatorio preliminar del exorcista es, pues, muy importante para descubrir si se trata del demonio o no. Sin este interrogatorio es difícil tener un correcto discernimiento.

Luego empiezan los exorcismos. ¿Cómo se comporta el demonio? Al principio está callado. Intenta no reaccionar al menos para esconder la gravedad de la posesión. No siempre lo logra. Muchas veces se ve obligado a manifestarse por la fuerza de los exorcismos o de las oraciones. Recuerdo a un joven que ante la primera bendición daba signos muy débiles; pensé que no tenía nada. La segunda vez se puso furioso, gritaba y se arrastraba por tierra: la fuerza de la oración y de los exorcismos, de los muchos exorcismos. Tengo bien presente a una persona que había sido exorcizada muchas veces y por diferentes exorcistas, y ninguno había encontrado nada. Pero ella insistía, hasta que después de un tiempo un exorcista que jamás la había visto la exorcizó y encontró una posesión profundísima.

En todo caso, un dato es cierto: a la larga, el demonio no sabe y no puede resistirse a la fuerza de los exorcismos. Y cuanto más se exorciza, tanto más emerge el malestar y a menudo golpea duramente, de modo que por un tiempo las personas poseídas están peor que antes. También es cierto que no siempre sucede la liberación definitiva; pero siempre hay una mejoría.

Exorcizando, el sacerdote percibe qué es lo que más fastidia al demonio. Es decir, hay algunas frases en latín que causan daño al demonio y, entonces, el sacerdote debe repetirlas. Muchas veces he repetido la frase «¡Deja las misas negras!». Al repetirla, el poseído vociferaba y yo la repetía más. Cuanto más la repetía, tanto más furioso se ponía el demonio, signo importante de que estaba sobre el camino correcto.

Con todo, el demonio siempre intenta no hablar, estar mudo, porque espera que el exorcista se canse. En el libro *El signo del exorcista* (San Pablo, Madrid 2013[2]) hablo de un hombre que exorcicé durante años sin poder liberarlo. Luego este hombre fue a Arezzo a ver a otro sacerdote que en poco tiempo lo logró. ¿Cómo no pude hacerlo yo? El padre Cándido Amantini me dijo: «Hay quien siembra y hay quien recoge. Y el Señor es el que determina quién tiene la gracia de llegar a la liberación».

El ritual obliga a los exorcistas a no dialogar con los demonios. Las preguntas solo pueden estar dirigidas a la liberación, no por curiosidad. Y lo primero que se debe preguntar al demonio es su nombre, pues el que lo diga significa que ya ha empezado a ponerse al descubierto... Ya no puede esconderse más.

Sin embargo, siempre es necesario recordar que si uno hace preguntas por curiosidad al demonio, está cometiendo un error y quien pierde es el exorcista. Por ejemplo, una persona desaparece y el exorcista le pregunta al demonio dónde está esa persona. Error: pues si hay alguien que nunca ayuda es precisamente el demonio.

La fuerza de la posesión se hace evidente también por los nombres que el demonio asume. Si el demonio tiene nombres bíblicos –Belcebú, Satanás, Lucifer, Asmodeo–, significa que es un demonio fuerte, muy fuerte. A menudo el exorcista pregunta cuándo saldrá. El demonio responde, pero no siempre acierta. Una vez, un poseído me dijo que el demonio saldría el 8 de diciembre, gran fiesta mariana. Y casi le creo. En efecto, el 8 de diciembre salió, después de un exorcismo de cinco horas y media, pero nada. La persona parecía libre... había saltos de júbilo, pero después de una semana todo fue como antes. Eran mentiras. El demonio siempre es mentiroso. No por casualidad Jesús lo llama el príncipe de la mentira.

Para combatirlo es necesario presentarse limpios, estar bien confesados. El padre Pellegrino Ernetti fue exorcista en Venecia durante cuarenta años y me decía: «Yo me confieso un día sí, un día no. Y a veces uno sí y el otro también».

VIII

Después de la posesión

No es fácil expulsar al demonio, porque tiene una inventiva infinita. Y es muy inteligente, un espíritu puro. Tiene capacidades notables y estas, unidas a su separación de Dios, lo hacen un adversario en verdad temible. Ciertamente no podrá nunca tener la ventaja total, pues su fuerza viene de la separación de Dios y sin Dios nadie puede vencer.

Cuando se aproxima la salida del cuerpo de aquel a quien posee, el demonio se comporta de un modo especial. El exorcista siempre debe preguntarle al demonio: «Dime, ¿cuándo saldrás?». Y el diablo responde dando una fecha. Ciertamente la fecha no siempre corresponde con la verdad. A veces finge; pero el hecho de que responda significa que la salida está cerca, o por lo menos se avecina.

Hacia el final de la posesión uno se da cuenta de que el demonio se empeña en resistir. Tiene manifestaciones que al inicio de la posesión no mostraba. Si al principio era fuerte y arrogante, ahora se muestra desesperado. Dice: «Muero, muero. No puedo más. Basta ya, así me estás matando. Los curas son asesinos, verdugos», y frases similares; mientras que al comienzo decía: «No tienes ningún poder contra mí. No vales nada. No me vencerás». Ahora, por el contrario, finalmente reconoce que ha sido vencido.

En todo caso, las frases más desesperadas tienen también la intención de desanimar al exorcista; así puede seguir repitiendo que está derrotado, pero no sale. Entonces el exorcista puede desanimarse y decir: «Pero, ¿cómo? ¡Me dice que lo he vencido, pero no se va!». El exorcista puede desanimarse porque esta fase final puede durar meses o incluso años.

Un día un demonio le dijo al padre Cándido: «Pero, ¿tú crees que yo no saldría si tuviese la certeza de que estaría mejor en el infierno que aquí?». Es decir, el demonio resiste porque prefiere ocupar un cuerpo que ha conquistado con esfuerzo antes que vivir en el lugar al que Dios le ha destinado, es decir, el infierno.

A mí una vez un demonio me dijo: «¿Por qué debo irme? Aquí estoy bien. Y punto». Otra vez un demonio, que, creo, no estaba muy alto en la escala jerárquica satánica, me dijo que tenía terror del infierno porque allí reina solamente el odio y los demonios más fuertes no hacen más que atormentar a los demonios menos fuertes. Y los más débiles tiemblan ante los más fuertes. En otras palabras, cada instante es una guerra sofocante.

Muchas veces el demonio intenta comunicar a las personas poseídas sus sentimientos. Dice: «¡Basta, no puedo más con los exorcismos!». Pero esto también es un truco. Sabe que está acabado y declarándolo espera que el poseído ya no se someta más a los exorcismos. En esencia, todos estos son trucos para evitar nuevos exorcismos y la expulsión. A veces los poseídos caen en esta trampa, hasta el punto de que empiezan a decir que en realidad nunca estuvieron poseídos, sino simplemente locos. Y entonces renuncian a exorcizarse, precisamente cuando la meta está cerca. Mucha gente que estaba próxima a la liberación ha dejado de venir a mí. De un día a otro desaparecen. Y así no se pueden liberar jamás.

Indudablemente el cansancio físico también contribuye a que aparezcan ciertas dificultades. Hay personas que se someten a exorcismos durante años, diez o veinte años. Y cada cita es para ellos realmente dolorosa. El exorcismo provoca dolor, no es un juego. Implica un gran esfuerzo, un sufrimiento. Muchas veces quien vive un exorcismo se siente mejor; pero en todo caso es un largo sufrimiento. Jesucristo liberaba con una palabra. Muchos santos también. Pero también conozco casos de santos que han necesitado muchos años para liberar a una persona. Una vez Juan Pablo II hizo un exorcismo en su despacho. Y durante el exorcismo dijo: «Mañana celebraré la Misa por ti». La poseída salió feliz. Pero no se liberó ni ese día ni al día siguiente. La liberación para ella llegó solo cinco años después. San Alfonso de Ligorio decía: «No siempre se llega a la liberación total. Siempre se llega a mejorías».

A menudo me preguntan adónde va el demonio si uno muere. La respuesta es simple: el demonio solo puede actuar sobre el cuerpo, nunca sobre el alma. Por eso, un poseído que ha ofrecido a Dios su sufrimiento de tantos años va a lo más alto del cielo. Las almas nunca son poseídas, a menos que la persona se haya consagrado voluntariamente a Satanás. Si escogen a Satanás como su dios por la vida y la eternidad, el asunto es distinto. He tenido que quemar consagraciones escritas con sangre hechas directamente con Satanás. ¡Pero se requiere mucho para liberar de los efectos de estas consagraciones incluso después de que la persona se ha arrepentido!

Quienes están próximos a la liberación deben tener ayuda constante, pues los últimos instantes son los más difíciles. Es lo contrario de lo que sucede con las enfermedades normales. Mientras los enfermos que se acercan a la curación van mejorando cada vez más, en las posesiones es de otro modo: cuanto más cerca de la liberación se está, tanto peor se está. Y cuanto más cerca se está de la liberación, tanto más se piensa que es incurable. Pero no es verdad, incluso porque los casos de liberaciones incompletas son pocos, muy pocos. Casi siempre se llega a la liberación total.

¿Cómo se comporta el demonio después de la liberación? Aún la batalla no se ha terminado. El

Evangelio es claro: nos habla del hombre que ha sido liberado del demonio pero que se comporta mal, y entonces el demonio regresa con otros siete demonios y lo vuelve a poseer más duramente. Mateo dice:

> «Cuando el espíritu impuro sale de un hombre, anda por lugares áridos buscando descanso, y, al no encontrarlo, dice: "Volveré a mi casa de donde salí". Al volver, la encuentra libre, barrida y arreglada. Entonces va y trae consigo otros siete espíritus peores que él, y entran y se instalan allí. Así el estado final de aquel hombre resulta peor que el primero. Eso sucederá también a esta generación malvada» (Mt 12,43-45).

Así pues, es necesario vigilar después de la liberación. ¿Cómo? Manteniendo un intenso régimen de oración, rezar el Rosario, ir a Misa, etc. No se debe retroceder con respecto a las prácticas de piedad ni al ritmo de oración adquirido durante el período de los exorcismos.

Desgraciadamente, las recaídas son posibles. En efecto, el demonio puede lograr volver a entrar. Pero la culpa es del exposeído, que vuelve al pecado y no se confiesa, o que abandona la oración. Quien ha sido liberado debe estar atento y vigilante porque la victoria obtenida debe ser defendida siempre: el demonio siempre alberga la esperanza de volver a entrar.

El verdadero desastre se da en los exposeídos que recaen en un estado de pecado permanente. Si perseveran en este pecado corren serios riesgos, pues la segunda vez la posesión es más fuerte. En estos casos es útil una confesión seria hecha tan pronto como sea posible. Y luego volver a someterse a un exorcismo.

La confesión es un antídoto óptimo contra el demonio; sobre todo la confesión hecha semanalmente. Si uno se confiesa con regularidad, es más fácil que el diablo no se acerque. La confesión es un sacramento poderoso que ayuda mucho contra el demonio. Yo, por ejemplo, me confieso regularmente una vez por semana. El concilio Vaticano II aconseja la confesión cada quince días. Yo prefiero la semanal porque es más fácil ir todas las semanas siempre el mismo día.

Durante un tiempo fui todos los viernes a confesarme con un padre de la basílica de San Pablo

Extramuros en Roma. A veces este sacerdote, ya anciano, estaba mal y no bajaba a la basílica. Entonces yo subía a su casa y me confesaba a los pies de su lecho. Un día me dio una lección. Yo tenía que confesar un arrebato de impaciencia y falta de caridad. Después de escuchar mis pecados, me dijo: «Excúseme, padre, usted se ha confesado de estas cosas también el viernes pasado, hace dos viernes y también hace tres... ¿De verdad está arrepentido?». Esa fue la lección. Muchas veces nos confesamos, pero no nos arrepentimos verdaderamente. Esto significa que no basta la confesión; es necesario hacer una confesión con verdadero arrepentimiento, pues la confesión debe ser una verdadera conversión. El Padre Pío lo decía siempre. Durante muchos años asistí a sus misas y a confesarme con él. Él quería que la confesión fuese realmente una confesión. Y a todos les pedía un cambio de vida; tanto es así que a una tercera parte de las personas que se confesaban con él les negó la absolución, pues quería un verdadero arrepentimiento. ¡Recuerdo muchísimos fieles que salieron del confesionario del Padre Pío sin la absolución! Pero, ¿por qué actuaba así? Él mismo lo dijo: «Si no hago esto, no cambian. La confesión no les sirve para nada».

¿Por qué me he extendido en la confesión? Lo repito: porque después de la posesión es necesario estar atentos y vigilantes con la oración y con el sacramento de la confesión.

IX

Fe, oración y ayuno

A menudo se reúnen grupos de personas a orar juntas. Ha sucedido que en estas oraciones hechas en comunidad –muchos las llaman oraciones de liberación– personas poseídas por el demonio se han liberado. Creo en estas oraciones porque creo en la fuerza de la oración. El Evangelio nos presenta el caso más difícil de liberación, cuando nos habla del joven sobre el cual los apóstoles oraron en vano. Y bien, Jesús presenta tres condiciones: la fe, la oración y el ayuno. Estos siguen siendo los medios más eficaces. Indudablemente la oración es más fuerte cuando es hecha por un grupo. Esto también lo dice el Evangelio. No me cansaré de repetir que se puede liberar del demonio con la oración y sin exorcismos, pero nunca con exorcismos pero sin oración.

Añado que cuando oramos, el Señor nos da aquello que necesitamos, independientemente de nuestras palabras. Nosotros no sabemos qué es lo que debemos pedir; es el Espíritu que ora por nosotros «con gemidos inefables». Por eso, el Señor nos da mucho más de lo que le pedimos, mucho más de lo que nos atreveríamos a esperar. He visto personas liberadas del demonio mientras el padre Emiliano Tardif, fundador de la Comunidad Siervos de Cristo Vivo, oraba. Y así hay otros grandes exorcistas mientras oran. Me han enseñado que es necesario orar siempre y que si se ora, el Señor nos da lo que necesitamos.

¿Hay lugares privilegiados para la liberación de maleficios? Se puede orar en cualquier parte, pero sin duda son lugares privilegiados de oración aquellos en los que el Señor se ha manifestado particularmente o que han sido consagrados a Él. Ya en el pueblo hebreo encontramos toda una serie de estos lugares: Dios se manifestó a Abrahán, a Isaac y a Jacob... Nosotros tenemos muchos santuarios, muchas iglesias importantes. Muchas veces ocurre –y esto no es un secreto para nadie– que la liberación del demonio no se da al final de un exorcismo, sino en un santuario. El padre Cándido tenía un vínculo especial con el santuario de Loreto y el de Lourdes, porque muchos de sus poseídos fueron liberados en ellos.

En Italia hay lugares a los que acuden con una confianza especial las personas que son atacadas por el demonio. Por ejemplo, Sarsina, donde está el collar de hierro usado como penitencia por san Vicinio (obispo y protector de Sarsina que vivió entre los siglos III y IV), ha servido muchas veces para la liberación. O el santuario de Caravaggio o Clauzetto, donde se venera una reliquia de la preciosísima sangre de nuestro Señor. En estos lugares muchas personas atacadas por el demonio han obtenido la curación. Se podría decir que acudir a ciertos lugares es útil para provocar en nosotros una fe mayor, y esto es lo que cuenta.

Muchas veces me han preguntado cuál es la diferencia entre el agua bendita y el agua de Lourdes o de otros santuarios, y cuál es la diferencia entre el óleo exorcizado y el óleo que mana de ciertas imágenes sagradas o que arde en las lámparas puestas en algunos santuarios y que es usado con mucha devoción.

El agua, el óleo, la sal exorcizados o benditos son sacramentales. Pero aunque reciben una eficacia especial por la intercesión de la Iglesia, es la fe con la que se usan la que les confiere la eficacia en los casos concretos. Los demás objetos mencionados no son sacramentales, pero tienen su eficacia conferida por la fe, a través de la cual se invoca la intercesión de la Virgen o del Niño de Praga, etc.

A veces cuando un poseído se libera, puede suceder que lanza espuma por la boca. Tiene un vómito continuo de saliva densa y espumosa. Ningún médico puede dar una explicación lógica de esto. Pero es un hecho: a menudo las personas que han recibido un maleficio al comer o beber algo hechizado se liberan vomitando saliva densa y espumosa. En estos casos aconsejo lo mismo que se sugiere cuando se da una liberación: mucha oración, sacramentos, perdón de corazón... todo lo que hemos dicho. Además, beber agua bendita y óleo exorcizado.

La posesión es un fenómeno que siempre cambia. Los casos son muchos. Y los medios para liberarse también. Hablaré de ellos de un modo un poco disperso, porque es difícil hacer una síntesis. A veces acuden a mí personas que creen que son muy envidiadas y temen sufrir consecuencias negativas por eso. La pregunta es si los celos y la envidia pueden causar maleficios. Los pueden causar solamente si se presentan las oportunidades de hacer un maleficio. De lo contrario, son solo sentimientos que corroen a la persona que los tiene y que sin duda perturban la armonía. Pensemos, por ejemplo, en los celos de un esposo: no causa maleficios, pero hace infeliz un matrimonio que habría podido ser armonioso. No causan ninguna otra perturbación.

Otros me comentan que les han aconsejado hacer regularmente oraciones de renuncia a Satanás. Yo les digo que siempre es muy útil la renovación de los votos bautismales, con los que reafirmamos nuestra fe en Dios, nuestra adhesión a Él, y renunciamos a Satanás y a todo lo que proviene del demonio. Este consejo supone que se han contraído ataduras que se deben romper. Quien acude a magos contrae una atadura maléfica ya sea con el demonio o con el mago; lo mismo sucede con quien asiste a sesiones espiritistas o satánicas. Toda la Biblia, en especial el Antiguo Testamento, es una invitación continua a romper toda atadura con los ídolos y a dirigirse con decisión al único Dios.

¿Qué valor protector tiene llevar en el cuello imágenes sagradas? Se usan mucho medallas, crucifijos, escapularios... Tienen una eficacia segura si se usan con fe y no como si fueran amuletos. La oración usada para bendecir las imágenes sagradas insiste en dos conceptos: imitar la virtud de quien está representado en la imagen y obtener de él la protección. Si uno cree que puede exponerse a peligros, como por ejemplo asistir a un culto satánico, pero que está protegido de las consecuencias maléficas porque lleva en el cuello una imagen sagrada, se equivoca completamente. Las imágenes sagradas deben animarnos a vivir coherentemente la vida cristiana, como la imagen misma lo sugiere.

En todo caso, repito una idea sobre la que no nos detenemos del modo adecuado: el mejor exorcismo es la confesión. Es el medio más directo para combatir a Satanás porque es el sacramento que le arrebata las almas al demonio, da fuerza contra el pecado, une cada vez más a Dios porque lleva a las almas a que adecuen su vida a la voluntad divina. A todas las personas golpeadas por maleficios les aconsejo la confesión frecuente, semanalmente si es posible.

Y el Rosario. Aún está vivo el recuerdo de la carta apostólica *Rosarium Virginis Mariae* con la que Juan Pablo II, el 16 de octubre de 2002, animaba a los cristianos a acudir a esta oración tan encarecidamente recomendada por todos los últimos pontífices y por las últimas apariciones marianas. Es más, para hacer más completa esta oración, que Pablo VI definía como «compendio de todo el Evangelio», la carta apostólica añadió los «misterios luminosos»: cinco misterios que se refieren a la vida pública de Jesús. Sabemos que el Padre Pío decía que la corona del Rosario era «el arma», un arma de extraordinario poder contra Satanás. Un día, un colega exorcista escuchó que el demonio le decía: «Cada Avemaría es como un garrote en mi cabeza; si los cristianos conocieran el poder del Rosario, yo sería vencido».

Pero, ¿cuál es el secreto que hace tan eficaz esta oración? El Rosario es al mismo tiempo oración y meditación; es una oración dirigida al Padre, a la Virgen, a la Trinidad y al mismo tiempo una meditación cristocéntrica. En efecto, como lo expone el

Papa en la carta apostólica, el Rosario es oración contemplativa: se recuerda a Cristo con María, se aprende a Cristo con María, se conforma a Cristo con María, se suplica a Cristo con María, se anuncia a Cristo con María.

Hoy más que nunca el mundo tiene necesidad de orar y meditar. De orar, antes que nada, porque los hombres se han olvidado de Dios y sin Dios están al borde de un abismo terrible. De ahí la continua insistencia de la Virgen, en todos sus mensajes de Medjugorje, sobre la oración. Sin la ayuda de Dios, se cede ante Satanás. Y hay necesidad de meditar porque si se olvidan las grandes verdades cristianas, en el alma queda el vacío, un vacío que el Enemigo sabe bien cómo llenar. De ahí la difusión de la superstición y del ocultismo, sobre todo en las tres formas que están en boga: magia, sectas de espiritismo y satanismo. El hombre de hoy necesita hoy más que nunca pausas de silencio orante. Incluso ante los inminentes peligros de guerra, si creemos en la fuerza de la oración, podemos estar convencidos de que el Rosario es más fuerte que la bomba atómica. Es cierto que es una oración que requiere un cierto tiempo, y nosotros estamos acostumbrados a hacer las cosas deprisa, especialmente las que tienen que ver con Dios. Tal vez el Rosario nos pone en guardia contra el riesgo que Jesús indicaba a Marta, la hermana de Lázaro: «Marta, Marta, te preocupas y te agitas por muchas cosas; y hay necesidad de pocas, o mejor, de una sola». Nosotros corremos ese peligro: nos afanamos y nos preocupamos por muchas cosas contingentes, a veces incluso nocivas para el alma, y olvidamos que lo único necesario es vivir con Dios. Que la Reina de la Paz nos haga abrir los ojos, antes de que sea demasiado tarde.

¿Cuál es hoy el peligro más evidente para la sociedad? La ruina de la familia. El ritmo de la vida actual ha roto la unidad de la familia: se comparte muy poco y a veces en esos pocos minutos que se comparten no se habla, porque la que habla es la televisión. ¿Dónde están las familias que rezan el Rosario por la tarde? Ya Pío XII insistía en esto: «Si rezan el Rosario todos unidos, experimentarán la paz en sus familias, reinará la concordia de las almas en su casa». «La familia que reza unida permanece unida», repetía en todos los rincones del mundo el americano Patrick Peyton, el infatigable apóstol del Rosario en familia. «Satanás quiere la guerra», decía un día la Virgen de Medjugorje. Y bien, el Rosario es el arma capaz de dar la paz a la sociedad, al mundo entero, porque es una oración y meditación que puede transformar los corazones y vencer las armas del enemigo del hombre.

X
Las falsas creencias

El mundo está lleno de falsas creencias. A veces son inocuas, pero otras veces no son más que puertas abiertas al diablo.

Hablemos, en primer lugar, de la Nueva Era y de la reencarnación. La Nueva Era es un movimiento sincretista que ha triunfado en Estados Unidos y se ha difundido con gran fuerza en el resto del mundo. Cree en la reencarnación. Para este movimiento, Buda, Sai Baba y Jesucristo están en el mismo nivel. Cada una de estas personalidades es elogiada. Como base doctrinal, la Nueva Era está basada en las religiones, teorías y filosofías orientales. Está tomando una gran fuerza en todo el mundo, de un modo peligroso a mi modo de ver. ¿Cómo defendernos? La cura contra todos los errores doctrinales es en primer lugar la instrucción religiosa. Y aprovecho para aconsejarles que lean antes que nada la Biblia como libro fundamental, y luego el *Catecismo de la Iglesia católica*. También es útil *Cruzando el umbral de la esperanza*, de Juan Pablo II, una verdadera catequesis hecha de forma moderna porque es casi como la respuesta a una entrevista. A las preguntas provocadoras del periodista Vittorio Messori, el Papa da respuestas tan profundas que en una primera lectura no lo parecerían tanto, pero que al releerlas muestran toda su profundidad. Y combate también estas falsas doctrinas...

La reencarnación es creer que después de la muerte el alma se reencarna en otro cuerpo más o menos noble que el que ha dejado dependiendo del modo como se ha vivido. Es una creencia compartida por todas las religiones orientales y se está divulgando también en Occidente por el interés que hoy nuestros pueblos, tan escasos de fe e ignorantes del catecismo, muestran por los cultos orientales. La reencarnación está en contra de toda la enseñanza bíblica y es absolutamente incompatible con el juicio de Dios y la resurrección. En realidad, la reencarnación es solo una invención humana, quizá sugerida por el deseo o la intuición de que el alma es inmortal. Pero por revelación divina, nosotros sabemos con certeza que las almas, después de la muerte, van al paraíso o al infierno o al purgatorio, según sus obras. Jesús dice:

> «Llegará la hora en que todos los que están en los sepulcros oirán su voz (del Hijo del hombre) y saldrán; los que hicieron el bien resucitarán para la vida, y los que hicieron el mal resucitarán para la condenación» (Jn 5,28-29).

Sabemos que la resurrección de Cristo ha merecido la resurrección de la carne, es decir, de nuestros cuerpos, que ocurrirá en el fin del mundo. Por eso hay una absoluta incompatibilidad entre la reencarnación y la doctrina cristiana. O se cree en la resurrección o se cree en la reencarnación. Se equivoca quien crea que puede ser cristiano y creer en la reencarnación.

Hablemos de Sai Baba. Ya ha muerto, pero hay muchos que aún lo adoran y creen en él. Yo siempre les aconsejo a las personas que eviten a

Sai Baba y su mundo, pues la mayoría de las veces quien se acerca a él requiere curas médicas, oraciones de liberación y, en los casos más graves, exorcismos. Hablaba bien de todos, en especial de Jesús; pero el dios era él. Ayudaba con donaciones conspicuas a los hospitales de los pueblos indios, aparentemente hacía el bien porque el diablo es muy astuto, se esconde tras una apariencia de bien, pero se considera dios y los demás son sus profetas. Muchas personas de Occidente, en especial mujeres, han caído en su red.

Sai Baba creaba en quienes lo visitaban –hoy en quienes visitan a sus seguidores– una especie de cadena espiritual negativa, una atadura, una dependencia, como lo hacen los magos y adivinos. Me ha llevado muchos años liberar, en el nombre poderoso de Jesús, a una señora, madre de cuatro niños, que fue varias veces a visitar al aparente santo de la India. Muchas veces le besó los pies (Satanás quiere ser adorado) y tragó el polvo que usaba como ofrenda. Bien, durante muchos años esta señora vomitó sangre para liberarse de eso. Pero no siempre es así. En ocasiones puede bastar una sola sesión de exorcismo para liberar a una persona. Todo depende de la fuerza con la que el demonio haya entrado en ella, de las perturbaciones que esta sufra y de su colaboración. Ciertamente no es automático el peligro de que un «encuentro» con Sai Baba y sus seguidores termine provocando una visita obligada al exorcista. Pero la mayoría de las veces la persona necesita de oraciones de liberación. Lo digo una vez más: frecuentar chamanes, magos y adivinos puede dar a veces una sensación de alivio, porque el demonio es astuto; pero es importante que la gente sepa que ha abierto una puerta al Príncipe del mal.

Otra forma de ocultismo que se está propagando ampliamente es el espiritismo, es decir, la invocación de los muertos para obtener respuestas. Esto se hace por curiosidad, por el interés de saber qué hacer en una situación determinada, por afecto para evocar las almas de los seres queridos. Hoy día se practica el espiritismo de muchos modos. Por ejemplo, según los cálculos estadísticos, en Italia el 36% de los jóvenes de escuela superior ha participado alguna vez en el «juego de la güija». Se practica espiritismo con grabadoras y con la escritura automática; hay escuelas de espiritismo, como el Movimiento de la Esperanza, que se jacta de la participación de reconocidos sacerdotes. Sin embargo, la Biblia es clara: quien hace magia e invoca a los muertos es una abominación para Dios (cf Dt 18,10-12).

Otra forma de ocultismo, como ya he dicho, es el satanismo. Satanás es exaltado como el primer rebelde (rebelde a Dios); tiene su culto, sus sacerdotes, sus consagrados. Quien se entrega al satanismo espera obtener conocimiento del futuro o de hechos ocultos, poderes para hacer el bien o el mal a los otros, tener éxito, riquezas y placeres. Las sectas satánicas abren un amplio espacio al sexo, las drogas, todo tipo de desórdenes, sin el más mínimo control, por lo cual puede suceder que se llegue incluso a sacrificios humanos.

Las sectas merecen una reflexión seria, pues se trata de un mundo numeroso e insidioso. La atracción de las sectas parece irresistible para muchos. Piénsese, por ejemplo, que solo en Latinoamérica, cada día, entre siete u ocho mil católicos abandonan la Iglesia para entrar en una secta. Los testigos de Jehová, los adventistas, la Iglesia de Dios universal, la Iglesia de la Unificación, los mormones, la cienciología, la Nueva Era... y muchas más. A las sectas se suma la fascinación por las religiones orientales, como el hinduismo, el budismo, los cultos tibetanos.

Esto es comprensible en el caso de quien no tiene religión o nace en una región que sigue estas religiones, sin conocer la única y verdadera religión revelada. Pero es incomprensible en el caso de quien conoce a Jesucristo, único Maestro, y lo abandona para seguir otra fe, y esto es signo de una temible ignorancia religiosa.

¿Por qué buscar en otro lugar respuestas que se pueden encontrar en el cristianismo? Quizá porque para muchos el cristianismo se ha quedado en la catequesis, sigue siendo infantil. No es necesario mendigar de las religiones orientales para aprender a cultivar mejor la propia interioridad.

Una de las consecuencias de este caos religioso es lo que se conoce como la «nueva religiosidad», es decir, la mezcla del cristianismo, del que no se pretende salir, con concesiones que son absolutamente contrarias a él. Así tenemos la gran cantidad de personas que creen en la reencarnación pero que siguen proclamándose cristianas, porque no se dan cuenta de la total incompatibilidad entre la resurrección y la reencarnación. Hay muchos que se consideran cristianos, pero al mismo tiempo siguen el culto de Sai Baba (¡siempre él!) y de otros gurús de la India.

Pero de lo que nadie habla nunca es de cómo ciertos errores, sobre todo la adhesión a diversas formas de ocultismo, pueden abrir la puerta a maleficios y a la posesión diabólica misma. Recuerdo aquí los tres grandes remedios indispensables: instrucción religiosa, información exacta y escucha de las personas. Con el testimonio de vida y la apertura al diálogo se puede recuperar mucho.

Aunque no es una religión ni una creencia ni una secta, quiero hablar brevemente de una «práctica» muy difundida hoy en Occidente: la fiesta de Halloween. En mi opinión, cometen un error las familias que la festejan. No quiero ser tomado por loco, pero para mí cometen un error. Pienso que la sociedad occidental está perdiendo el sentido de la vida, el uso de la razón y está cada vez más enferma. Festejar Halloween puede ser también rendir una alabanza al diablo, el cual, si es adorado, aunque sea solo por una noche, piensa que puede reclamar derechos sobre la persona. Entonces no nos asombremos si el mundo parece ir hacia un cataclismo y si las consultas de psicólogos y psiquiatras están llenas de niños con insomnio, vándalos, hiperactivos, de jóvenes obsesionados y depresivos, potenciales suicidas. Entiéndase bien, no pretendo asustar a nadie ni decir que festejar Halloween lleve automáticamente a estas consecuencias. Pero sí quiero advertir de lo que no está bien.

Los disfraces macabros, las invocaciones aparentemente inocuas que se hacen durante la fiesta de Halloween no son más que un tributo al Príncipe de este mundo: el diablo. Me disgusta mucho que Europa, el mundo entero, se esté alejando de Jesús, el Señor. La fiesta de Halloween es una especie de sesión espiritista presentada bajo la forma de juego. Y aquí se esconde la astucia del demonio. Si nos damos cuenta, todo es presentado de forma lúdica. Incluso el pecado ya no es pecado en el mundo de hoy. Todo es camuflado bajo la forma de necesidad, libertad o placer personal. El hombre se ha vuelto el dios de sí mismo, que es precisamente lo que quiere el demonio.

XI
Cómo hablarles a los niños

De muchos lugares me ha llegado esta pregunta que interesa a padres, catequistas, educadores: ¿cómo hablar del diablo y del infierno a los niños?

El Señor se reveló en el Antiguo Testamento a través de los profetas y finalmente se manifestó en el ministerio público de Cristo: enseñó siempre la verdad completa a todos, grandes y pequeños. Ciertamente los niños no tienen una comprensión conforme a su inteligencia; también la enseñanza privada debe tener en cuenta la edad y el método que se ha de usar con los niños, de acuerdo con su capacidad de comprensión. Pero sería un gran error esconderles a los niños la verdad por miedo a asustarlos.

A este respecto me vienen a la mente las observaciones de Sor Lucía, la vidente de Fátima, cuando, ya en edad madura, recordaba el famoso 13 de julio de 1917 en el que la Virgen les dejó ver el infierno a los pequeños videntes y les reveló los tres famosos secretos. Pues bien, Lucía dice:

> «A veces se teme hablar del infierno a los niños, por miedo a asustarlos. La Virgen, en cambio, casi sin tener en cuenta nuestra edad (siete, nueve y diez años, respectivamente), no solo nos habló del infierno, sino que nos lo hizo ver y nos aterrorizamos hasta tal punto que habríamos muerto de miedo si poco antes ella no nos hubiese asegurado que nos llevaría al paraíso».

De esta visión y de la visión de las almas que se precipitan en masa al infierno, les surge a los tres niños el impulso enorme de reparación, un celo ininterrumpido a ofrecer sacrificios por la conversión de los pecadores.

Cuando Jesús hablaba del infierno, les hablaba a todos, también a los niños, de cuya presencia el Evangelio nos habla varias veces. Los mensajes marianos de Medjugorje son difundidos para todos, no pasan a través de ninguna censura que les dé una forma «apta» para los niños. Luego cada cual comprende y capta según sus capacidades. Y esto no significa que los niños entiendan menos que los adultos: el efecto producido por la visión del infierno en los niños de Fátima nos permite ver que muchas veces los niños pueden comprender perfectamente, al pie de la letra, sin minimizar –como sí lo hacen tantos adultos (y teólogos...)–, y que se comportan consecuentemente, con una coherencia incluso heroica.

Creo, además, que hay algunos conceptos fundamentales sobre los cuales se puede y se debe insistir con los niños. Son conceptos básicos, que no asustan a nadie y que los adultos también deben tener presentes.

1. El primer concepto es que Dios es bueno y ha creado buenas todas las cosas y todos los seres, especialmente a los inteligentes e inmortales: ángeles y hombres. Dios no ha creado diablos malvados; ha creado solo ángeles buenos. Pero les ha dado a los ángeles (y a los hombres) el don de la libertad. Algunos ángeles usaron mal este don: en su orgullo se sintieron tan grandes

que desobedecieron a Dios, se opusieron a Él, de modo que en lugar de seguir el bien, siguieron el mal; en lugar de permanecer como ángeles luminosos y felices, se convirtieron en demonios tenebrosos y desgraciados, se condenaron a sí mismos al eterno suplicio del infierno. En las fábulas, que no son simples anécdotas inventadas, se tiene en cuenta esta realidad: quien no hace lo que debe puede terminar mal y en la desgracia. Por ejemplo Pinocho, por no querer estudiar sino solo jugar, se convierte en un burro.

También los hombres hemos sido creados buenos por Dios, para hacer el bien. El fin al cual estamos destinados es el paraíso. Pero Dios nos ha dado el don de la libertad, que hace meritorio el bien que hacemos. Pero si hacemos el mal, tenemos culpa y nos condenamos nosotros mismos al castigo. En pocas palabras: quien hace el bien recibe el bien; quien hace el mal recibe el mal.

2. El demonio, dado que se ha hecho enemigo de Dios, procura que el hombre también se aleje de Dios y le desobedezca. Por eso lo tienta. Dios nos ha dado los ángeles que nos protegen; cada

uno de nosotros tiene su ángel custodio. Pero depende de nosotros obedecer a las tentaciones del demonio o a la voz del ángel. Por eso no debemos tener miedo, sino ser fieles a Dios: quien es fiel a Dios va al paraíso, como los ángeles y los santos; quien se rebela a Dios va al infierno, como los demonios.

3. El demonio tiene aliados, de los cuales debemos cuidarnos. Los primeros aliados son nuestras pasiones desordenadas, que deben ser refrenadas con el dominio de sí mismo, con sacrificios voluntarios, con acciones virtuosas, con la oración y los sacramentos. Los otros aliados del demonio son las ocasiones de mal que el mundo nos presenta: malas compañías, lecturas o espectáculos nocivos (hoy es especialmente peligrosa la televisión, que debe ser vista con cautela y con una elección cuidadosa de los programas). Desde pequeños es necesario saber distinguir lo que es bueno de lo que es malo, lo que le gusta a Dios de lo que está en contra de sus enseñanzas: al obedecer a Dios, nos comportamos como los ángeles; al desobedecerle, nos comportamos como los demonios.

Como vemos, se puede hablar del diablo a los niños, enseñándoles a no tener miedo, porque el diablo no puede hacernos daño si nosotros no lo queremos. Y podemos seguir el ejemplo de los ángeles y los demonios para distinguir el bien del mal, la obediencia de la desobediencia y, en consecuencia, el premio y el castigo que dependen de nuestro comportamiento.

XII
Las oraciones de liberación

Los medios para combatir al diablo son los que el Liberador por excelencia nos ha ofrecido. Jesucristo, tomando sobre sí nuestros pecados, nos salva del dominio del pecado y, por tanto, del poder del demonio. El hecho de ser bautizados y redimidos no nos exime del estado de debilidad espiritual y moral; por eso el transcurso de la vida espiritual nos compromete seriamente a acudir a los sacramentos de la Iglesia. Por medio de los sacramentos de la iniciación cristiana «los hombres, unidos con Cristo en su muerte, en su sepultura y en su resurrección, son liberados del poder de las tinieblas», dice el *Rito* del bautismo de los niños.

Este rito prevé un exorcismo prebautismal donde se pide a Dios, que ha enviado a su Hijo al mundo «para destruir el poder de Satanás, espíritu del mal», que libere al niño del pecado original y «del poder de las tinieblas».

El sacramento de la reconciliación, cuando se vive bien, cierra esas aberturas, o fisuras, a través de las cuales puede entrar el humo de Satanás. Esto es válido como prevención ante los ataques extraordinarios, pero también es fundamental para la cura o liberación: no puede haber una verdadera liberación del demonio si en el alma permanece la inclinación al pecado o el consentimiento del pecado. Esta inclinación perversa nos hace vulnerables porque el Enemigo encuentra en nosotros una posición casi de cómplices. Por esto la ambigüedad es a menudo la causa de que las vejaciones demoníacas perduren en el tiempo. La oración personal, asidua y hecha con fe como preparación y consecuencia del sacramento de la Eucaristía, que nos une a Dios a través de Cristo, nos defiende y nos libera. «Someteos, por tanto, a Dios; resistid al diablo, y huirá de vosotros; acercaos a Dios, y se acercará a vosotros» (Sant 4,7-8).

La Misa es una acción de gracias al Padre por el don del sacrificio de su Hijo que nos ha liberado con su pasión y muerte, la cual se actualiza en la

Misa misma. El acto penitencial celebra nuestra voluntad de ser perdonados en Cristo y preparados por el alimento espiritual que nos hace fuertes en Él porque estamos unidos a Él, como el sarmiento a la vid. Esta riqueza espiritual de la que brota el bautismo es celebrada litúrgicamente en la santa Misa de la noche de Pascua, donde se reafirman las renuncias bautismales y la opción por Dios con el símbolo de la fe, el *Credo.* En cuanto oración cristiana por excelencia introducida en la liturgia fundamental de la Eucaristía, la petición de liberación del Maligno es lo que debemos hacer ante el Padre, y es escuchada por medio del Hijo principalmente en el misterio eucarístico que nos da el Espíritu. El embolismo del celebrante en la oración dominical enfatiza la petición de liberación: «Líbranos, Señor, de todos los males y concédenos la paz en nuestros días, para que, ayudados por tu divina misericordia, vivamos siempre libres de pecado y protegidos de toda perturbación, mientras esperamos la gloriosa venida de nuestro Salvador Jesucristo».

Entre las oraciones no podemos olvidar los Salmos –algunos piden específicamente la liberación del enemigo que nos persigue; en especial los salmos 3, 10, 12, 21, 30, 34, 67, 90–, la Liturgia de las Horas y el Rosario, meditado, como entrega de nuestras necesidades y tribulaciones a la Virgen, aquella que fue prefigurada en Génesis 3,14, que atraviesa toda la historia de la humanidad como inmaculada vencedora sobre el Tentador, y que es para la Iglesia la Mujer vestida de sol que hasta la batalla final ayuda y conduce las legiones de los elegidos en la lucha contra el dragón.

En una palabra, la vida del cristiano es una lucha contra el Maligno, con los medios de salvación que Cristo le ha dado a su Iglesia: desde el bautismo todo concurre a la liberación. Cuanto más recurramos a la gracia, tanto más el Enemigo infernal, ya vencido por Cristo, será vencido por nosotros en cuanto estamos unidos místicamente al Liberador.

El nuevo *Ritual del exorcismo*, en el Apéndice II, presenta una serie de súplicas y oraciones que los fieles, en grupo o en solitario, pueden usar cuando son atacados por el demonio. En las oraciones no se contempla la eventualidad de orar por otra persona, sino que el fiel, o los fieles, oran por sí mismos. Se presume que el ataque del demonio es ordinario, de modo que los fieles están en capacidad de orar solos o en grupo, pero que no tienen necesidad de una intervención de liberación o de exorcismo, es decir, de que alguien ore por otros. En este caso se daría una situación de exorcismo o de oración de liberación regulada de otro modo.

Es necesario decir algo: hablar de oración de liberación nos obliga a abordar la oración de exorcismo, porque el objeto de ellas es el mismo: el diablo que ataca de modo extraordinario a una persona. Lo que cambia es solamente el grado de profundidad de la ofensiva satánica. En un grado alto, aumentan las manifestaciones de la presencia maléfica que se caracterizan principalmente por el estado de posesión. En el estado de trance, el demonio puede manifestarse hablando directamente por la boca del poseído y los fenómenos extraordinarios pueden también aumentar. El exorcismo está previsto para estos casos de posesión diabólica, y debe ser realizado estrictamente según el *Rito*. El ritual presenta una serie de oraciones deprecatorias, en las cuales no se usa la fórmula imperativa directa contra el diablo, sino que se recurre a la intercesión de la Virgen y de los santos. Dado que tales oraciones pueden ser usadas también en casos en los que no haya posesión, se deduce que son oraciones de liberación que todos los sacerdotes pueden usar y son identificadas como «oraciones de liberación» desvinculables del *Rito del gran exorcismo* y, por lo tanto, utilizables en cualquier caso que sea necesario intervenir sobre personas vejadas, pero no poseídas por el demonio.

En realidad parece que el espíritu con el que se ha redactado el Ritual considera ambas categorías de oración como partes de un único rito y no se pueden separar del rito mismo. Pero las oraciones deprecatorias pueden ser hechas sin añadir las imperativas, el contexto en el cual se hacen es siempre el del exorcismo, es decir, aquel en el que se persigue ese objetivo.

> *«Denique dicit formulam deprecativam, qua Deus rogatur, necnon formulam imperativam, qua diabolus, in nomine Christi, directe adiuratur, ut a vexato recedat. Formula imperativa ne utatur nisi praemissa formula deprecativa. Formula vero deprecativa etiam sine imperativa adhiberi potest»*[1].

[1] Finalmente se dice la fórmula deprecativa, con la cual se ruega a Dios, así como la fórmula imperativa, con la que el diablo, en nombre de Cristo, es conjurado

La experiencia de los exorcistas es común en la constatación de que una posesión no siempre se manifiesta inmediatamente: al proceder con las oraciones, lo que podría parecer solo una vejación o una obsesión, con el tiempo se puede revelar como una posesión incluso grave; es más, cuanto más arraigada en la profundidad está la acción demoníaca, tanto más logra ocultarse para impedir que sea sacada a la luz.

Este hecho explica también la contigüidad que hay entre liberación y exorcismo.

Si es claro que la oración de liberación no es una oración específica para casos particulares, sino que es la oración ordinaria del camino cristiano, también es necesario reconocer que los casos de vejación (no de posesión) forman parte de las intervenciones extraordinarias del demonio que se diferencian de su acción ordinaria en cuanto a la fuerza y ferocidad. Más que oraciones específicas, lo que se requiere es intensificar la vida espiritual mediante los medios ordinarios (sacramentos),

---

directamente para que salga del atormentado. No debe utilizarse la fórmula imperativa si no precedió la fórmula deprecativa, en cambio esta puede emplearse sin aquella (*Nuevo rito de los exorcismos*, 28).

junto con el añadido de intenciones específicas en la oración, con las bendiciones y oraciones hechas por sacerdotes, lo cual es mucho mejor que si hace en grupos de fieles que generosamente interceden y se sacrifican por estos hermanos.

Las oraciones para la liberación en el *Rito de los exorcismos* siguen el siguiente orden:

- La aspersión con agua bendita.
- Letanías de los santos.
- Salmos.
- Imposición de las manos del sacerdote para invocar al Espíritu Santo.
- Recitación del *Símbolo*, promesas bautismales y renuncia a Satanás.
- Recitación del *Padrenuestro.*
- El sacerdote muestra la cruz y traza sobre el fiel atormentado el signo de la cruz.

Estas oraciones son propias del cristiano y, salvo la imposición de las manos del sacerdote, todo cristiano puede recitarlas por sí mismo y por otros.

XIII

El diablo según el papa Francisco

Para Jorge Mario Bergoglio, el diablo no es un mito, no es una metáfora, no es una manera pintoresca de designar la negatividad de los tiempos, sino una persona real (espíritu puro) que actúa. Él mismo lo ha dicho en una de sus primeras homilías matutinas en la capilla de la casa de Santa Marta, poco después de haber sido elegido sucesor de Pedro: no solo está la aversión del mundo hacia Jesús y la Iglesia, sino también el odio del «Príncipe de este mundo». En la plaza de San Pedro, el Domingo de Ramos de 2013, exhortó a los fieles a que desconfíen del Maligno «que nos dice: ¡No puedes hacer nada contra la violencia, la corrupción, la injusticia, contra tus pecados! ¡Jamás hemos de acostumbrarnos al mal!».

El Papa ha vuelto a lanzar sus exhortaciones contra las seducciones del demonio muchas veces, incluso en Twitter. Al día siguiente de su elección, el jueves 14 de marzo de 2013, en la Misa *Pro ecclesia* celebrada con los cardenales en la capilla Sixtina, deteniéndose en los conceptos «caminar, edificar, confesar», Bergoglio dijo:

> «Cuando no se confiesa a Jesucristo, me viene a la memoria la frase de Léon Bloy: "Quien no reza al Señor, reza al diablo". Cuando no se confiesa a Jesucristo, se confiesa la mundanidad del diablo, la mundanidad del demonio».

Desde entonces, la referencia directa al diablo ha tenido lugar muchas otras veces en los discursos públicos pronunciados por el Papa. Una profusión de referencias que, de acuerdo con el periodista y escritor enviado a América Latina, Alver Metalli, no sorprende a Carlos Alberto Mancuso, exorcista activo en la Iglesia argentina:

> «No, no me ha sorprendido para nada escucharle hablar del diablo, ahora que es Papa. Pablo VI hablaba explícitamente del diablo, Juan Pablo II ha llevado a cabo exorcismos. Benedicto XVI participaba en

congresos de especialistas en demonología; todos ellos reconocen que el papel del diablo en la historia es real en su cualidad de antagonista de Cristo».

De los ochenta años que tiene Mancuso a sus espaldas, ha pasado treinta expulsando demonios en la Iglesia argentina. Algunos «enviados» por Bergoglio: «No tenía exorcistas en Buenos Aires y es por esto que me llegaban personas en su nombre –algunas veces acompañadas por sacerdotes– para que las examinase. Otras veces venían directamente familiares de parte del arzobispo de Buenos Aires; querían que viese a su hijo o hija porque tenían comportamientos extraños; venían con el rosario que él, Bergoglio, les había dado para que rezasen».

El exorcista Mancuso recuerda el caso de una chica que le ha dado una bofetada. «Era joven, una chica de buena familia, pero muy cambiada de aspecto antes y después». En medio, no hace falta preguntarlo, está el demonio. «Ha ido a ver al cardenal Bergoglio, que le ha dado un rosario celeste y con este ha venido a mí. Estábamos en la capilla; me he puesto a rezar. La chica estaba un paso delante, acompañada por la madre. Se ha dado la vuelta y me ha dado una bofetada violenta que me ha roto las gafas».

Mancuso tiene un aspecto jovial y alegre que contrasta con su, por decirlo de algún modo, «profesión». Todos los viernes desde las 17 a las 20 horas, puntual como un empleado de banca, llega a su casa sacerdotal de la Avenida 60, entre el número 27 y 28 de La Plata, a una hora de Buenos Aires. Hay ya una fila delante de la puerta y con santa paciencia se dispone a recibirlos a todos, a escucharlos, a preguntarles con astucia para discernir los problemas de naturaleza psicológica –muchas histerias– de los que podrían indicar la presencia del demonio. A los primeros, la mayoría, los manda a los psiquiatras; y a los segundos, los examina detenidamente en una segunda visita. «De veinticinco a treinta personas que examino todas las semanas, una o dos las convoco de nuevo. Pronuncio una oración, y aquí pueden suceder dos cosas: la persona permanece sentada, me mira y no ve la hora de volver a casa, o cae a tierra con un grito, y allí la cosa comienza». Un interrogatorio cerrado, con preguntas que sirven para «entender dónde, cuándo y por quién ha sido contaminado».

«Contaminado», Mancuso repite la palabra como se si tratara de una enfermedad. «El mal contamina, no en el sentido de que es contagioso, pero a menudo se introduce en la persona después de que esta ha participado en un acto de culto maléfico que la ha dejado vulnerable a la presencia satánica». En su carrera afirma que ha «tratado» cerca de doscientas personas. Más mujeres que hombres, más jóvenes que adultos; «en ningún caso después de los 60 años, 8 años el endemoniado más joven».

En la cercana escuela elemental los gritos alegres de un grupo de niños sobresalen, inconscientemente, sobre la historia de lo que ocurre todos los viernes a pocos metros de distancia. «Es un fenómeno en ascenso», asegura. «No había habido nunca tanta gente esperando en la puerta, ni tantos poseídos como este año», unos sesenta precisa. Tiene todo anotado en un cuaderno, fechas, nombres, circunstancias, tratamiento, resultado. No tiene miedo a los encuentros con el demonio. «No tengo miedo, creo que Dios nos da a cada uno las cualidades necesarias para hacer nuestro trabajo». Ha hecho incluso un exorcismo por teléfono. «Me he dado cuenta de que la persona al otro lado del teléfono estaba de verdad poseída. Era una chica argentina, una médico terapeuta que vivía en España. Le he dicho que llamara a un sacerdote. Él ha repetido la fórmula del exorcismo conmigo». Mancuso utiliza un ritual de 1615. Ha tenido éxito[2].

---

[2] METALLI A., *Entrevista a Carlos Mancusco, sacerdote exorcista argentino a quien Bergoglio enviaba sospechosos de estar poseídos*, en Vatican insider (23 de diciembre de 2013).

Índice